ARD-Ratgeber Recht
Herausgeber: Dr. Frank Bräutigam

# RECHT UND VERTRÄGE
# BEIM HAUSBAU

Was Bauherren wissen müssen

**SWR ›› ②  verbraucherzentrale**

Eine Produktion des Südwestrundfunks in Zusammenarbeit
mit den Verbraucherzentralen

Der Traum vom neuen Eigenheim wird wahr – wenn man als Bauherr kost-
spielige Fehler vermeidet. Wer sich vor Baubeginn einen Überblick über
baurechtliche Bestimmungen verschafft und die richtigen Entscheidungen
zu Verträgen mit Architekten und Handwerkern trifft, ist auf der sicheren
Seite. In diesem Buch erfahren Sie kompakt und gut verständlich, worauf
Sie achten müssen und wie Sie Ihre Vorteile wahren.

**Falk Ostmann** ist Rechtsanwalt in Bickenbach, südlich von Darmstadt. Er
ist Fachanwalt für Bau- und Architektenrecht sowie Miet- und Wohnungs-
eigentumsrecht.

Falk Ostmann

# RECHT UND VERTRÄGE
# BEIM HAUSBAU

Was Bauherren wissen müssen

Beispiel

 Vorsicht, Risiko!

 Tipp, Ratschlag

 Wichtig

**Bibliografische Information der Deutschen Bibliothek**
Die Deutsche Bibliothek verzeichnet diese Publikation in der
Deutschen Nationalbibliografie; detaillierte bibliografische Daten sind
im Internet über http://dnb.ddb.de abrufbar.

1. Auflage 2013, 8.000 Exemplare
© Verbraucherzentrale NRW, Düsseldorf, www.vz-nrw.de
Printed in Germany.
ISBN 978-3-86336-613-1

# LIEBE LESERIN, LIEBER LESER, UND NATÜRLICH AUCH: LIEBE ZUSCHAUERIN, LIEBER ZUSCHAUER DES ARD-RATGEBERS RECHT,

das Recht gilt gemeinhin als eine trockene und komplizierte Angelegenheit. Da ist durchaus etwas dran. Trotzdem lautet meine Erfahrung und meine Überzeugung: Hinter jedem schwierigen Paragrafen, hinter jedem Urteil im Juristendeutsch der Gerichte verbergen sich fast immer die Geschichten, Probleme und Schicksale von Menschen – und zwar von Ihnen, liebe Leserinnen und Leser, liebes Publikum. Die schwierigen Paragrafen und ihre Folgen zu erklären, gleichzeitig aber die Geschichten der Menschen dahinter nicht zu vergessen, das ist das erklärte Ziel unserer Sendung „ARD-Ratgeber Recht".

Wohl kaum eine Redaktion im deutschen Fernsehen bekommt so viel Zuschauerpost mit konkreten „Hilferufen". Sie schildern uns Ihre Fälle und bitten uns in Briefen und E-Mails oft um Unterstützung. Dieses Vertrauen in unsere Arbeit ehrt uns sehr, und Ihre Probleme und Fragen sind uns ein wichtiges Anliegen. Allerdings müssen wir Ihnen oft auch antworten, dass wir Ihnen eine konkrete Rechtsberatung im Einzelfall leider nicht geben können und dürfen. Wir haben einen Programmauftrag, der darin besteht, rechtliche Fragen allgemein und leicht verständlich im Fernsehen aufzuarbeiten. Dafür nehmen wir dann gern Ihre konkreten Fälle als Beispiele und sind deshalb weiterhin für jede Zuschrift dankbar. Alles Weitere aber übersteigt in der Regel unsere Möglichkeiten – mit einer Ausnahme: der traditionsreichen Buchreihe zum ARD-Ratgeber Recht.

Damit können wir Ihnen – immer anknüpfend an die Themen unserer Sendungen – umfangreichere Informationen an die Hand geben; mehr, als wir im Fernsehen leisten können. Das Ziel der Reihe ist es, verständliche und erschwingliche Bücher zu den juristischen Themen der Sendung ARD-Ratgeber Recht anzubieten. Unsere erfahrenen Autoren wollen Sie im juristischen Alltagsdschungel an die Hand nehmen und Ihnen Orientierung bieten – mit gut verständlichen Erklärungen, einem klaren Aufbau und einem modernen Design. Hinzu kommen Musterbriefe, Tipps und viele Ratschläge.

Betreut wird die Buchreihe – wie auch die Sendung ARD-Ratgeber Recht – von der ARD-Rechtsredaktion des Südwestrundfunks (SWR) in Karlsruhe, der „Residenz des Rechts". Von dort aus produzieren wir den ARD-Ratgeber Recht und berichten darüber hinaus in den Nachrichtensendungen von ARD und SWR über „alles, was Recht ist". Ich würde mich freuen, wenn Sie diese Buchreihe wie unsere Arbeit auf dem Bildschirm weiterhin so freundlich und kritisch begleiten und uns die Treue halten!

Eine aufschlussreiche und angenehme Lektüre wünscht Ihnen

**Dr. Frank Bräutigam,**
Leiter der ARD-Rechtsredaktion, Karlsruhe

# EIN PAAR WORTE ZUVOR

Dieser Ratgeber ist ein Leitfaden für Bauherren und vermittelt eine Übersicht über die gesamte Bauphase. Er setzt bereits im Vorfeld der beabsichtigten Baumaßnahme an und gibt Anregungen, wie das Vorhaben rechtlich geplant und gestaltet werden kann, wie der Bau zu überwachen ist und welche Rechte Ihnen als Bauherr auch nach Beendigung der Bauarbeiten noch zustehen. Denn: Wenn Sie sich entschieden haben, ein Haus zu bauen, gilt es eine Vielzahl von Verträgen abzuschließen. Zunächst müssen Pläne erstellt werden, sodann muss das ausführende Unternehmen durch den Bauvertrag mit der Ausführung der Bauarbeiten beauftragt werden, schließlich muss der Bau überwacht werden. Dies alles stellt den bauunerfahrenen Auftraggeber vor immense Herausforderungen.

Mit diesem Buch erhalten Sie eine Übersicht der Möglichkeiten, welche das private Baurecht dem Bauherrn, aber auch dem Handwerker, Planer und Architekten einräumt. Eine solche Übersicht ist unabdingbar, wenn Sie als Bauherr aktiv am Baugeschehen teilnehmen wollen und die Vorgänge beim Hausbau nachvollziehen möchten. Es gibt viel zu tun: Sie müssen das richtige Grundstück auswählen, danach ist zu überlegen, wie viel Eigenleistung Sie sich in der Baugestaltung und Bauüberwachung zutrauen. Davon abhängig werden Sie entweder einen Architekten oder Baubetreuer beauftragen, möglicherweise aber auch „schlüsselfertig" bauen, um so wenig wie möglich Aufwand zu haben. Hierzu lesen Sie viele praktische Beispiele und Ratschläge.

Dem Abschluss des Bauvertrags wird in diesem Ratgeber ein besonderes Gewicht beigemessen. Die verschiedenen Vertragstypen – und natürlich deren Vor- und Nachteile – werden erklärt, sodass Sie sich als Bauherr in Ruhe den für Sie passenden Vertragstyp heraussuchen können. Sie erhalten Ratschläge, wie Sie sich zu verhalten haben, wenn Mängel auftreten, und wie zu verfahren ist, wenn der Handwerker mehr

Werklohn als vereinbart beansprucht. Beim Bau können Situationen entstehen, welche eine rasche Vertragsbeendigung erfordern, auch hierfür erhalten Sie wichtige Ratschläge. Schließlich erfolgt eine Übersicht, welche am Bau beteiligte Personen oder Unternehmen Ihnen als Bauherr gegenüber haftbar sind und wie die Ansprüche möglichst geschickt geltend gemacht werden können.

Abschließend informiert Sie das Buch darüber, welche Versicherungen bei einem Bauvorhaben sinnvollerweise abgeschlossen werden können, und es erfolgt eine erläuternde Übersicht der Bestimmungen des öffentlichen Baurechts. Dies auch deshalb, da Grundkenntnisse im öffentlichen Baurecht für Sie als Bauherrn wichtig sind, um die Abläufe vor, während und nach dem Bau richtig nachvollziehen zu können.

Bickenbach, im August 2013

**Falk Ostmann**

# INHALT

## 04   DER VOB/B-WERKVERTRAG

## 05   BAUVERTRAGLICHE ANSPRÜCHE UND WIE MAN SIE DURCHSETZT

## 06  BAUVERSICHERUNGSRECHT

# DIE WAHL DES RICHTIGEN GRUNDSTÜCKS UND DIE ANFORDERUNGEN DES ÖFFENTLICHEN BAURECHTS

**01**

Bevor Sie mit dem Bau beginnen, müssen Sie ein geeignetes Grundstück finden. Dabei gilt es, einiges zu beachten und auch das nachbarliche Grundstück kritisch zu prüfen. Wenn Sie sich entschieden haben, geht es an das behördliche Genehmigungsverfahren. Kennen Sie sich als Bauherr darin einigermaßen aus, dann können Sie auf Augenhöhe mit Fachleuten und eventuell Mitarbeitern des Bauamts sprechen – und stets den aktuellen Stand Ihres Bauvorhabens nachvollziehen.

# DAS GRUNDSTÜCK PRÜFEN

Haben Sie ein Grundstück entdeckt, das Ihnen für Ihr Bauvorhaben geeignet erscheint, sollten Sie verschiedene Aspekte eingehend prüfen.

- Analysieren Sie die **Wohnlage**. Wie hat sich das Wohngebiet entwickelt?
- Überlegen Sie, ob das Grundstück **verkehrsgünstig** in Bezug auf Ihre persönliche Wohnsituation und die Ihrer Familie gelegen ist. Die schönste Lage bietet nur eingeschränkten Wohnkomfort, wenn zum Beispiel lediglich eine eingeschränkte Versorgung mit öffentlichen Verkehrsmitteln vorhanden ist und Sie Ihre Kinder ständig zur Schule oder zu Freunden fahren müssen.
- Stellen Sie fest, ob das **Grundstück erschlossen** ist. Sind also Energie-, Wasser- und Abwasserleitungen bereits verlegt?
- Sodann ist es sinnvoll, den **Baugrund** zu untersuchen. Welche Abdichtungsmaßnahmen sind erforderlich? Bestehen Altlasten?
- Klären Sie, ob das Grundstück mit dem geplanten Haus überhaupt bebaut werden kann. Hierfür wird der Architekt die **Bebaubarkeit** zunächst prüfen, und zwar unter Zuhilfenahme des Bebauungsplans (siehe Seite 17).
- Achten Sie auch darauf, wie sich der **Erhaltungszustand der Straße** am Grundstück darstellt. Gemeinden und Städte ziehen Grundstückseigentümer bei Straßensanierungen finanziell zur Verantwortung. Hier können erhebliche Beträge festgesetzt werden.
- Studieren Sie unbedingt das **Grundbuch**. Lassen Sie sich vom Verkäufer des Grundstücks einen aktuellen Grundbuchsauszug bringen. Prüfen Sie genau, wer Eigentümer des Grundstücks ist. Alle Eigentümer stehen im Grundbuch. Eine besondere Rolle stellen die im Grundbuch vermerkten Lasten und Beschränkungen des Grundstücks

**01**

dar. Bestehen Wohnrechte Dritter, muss überlegt werden, wie das Wohnrecht gelöscht werden kann.

- Nicht einfach zu löschen sind **Wegerechte Dritter,** beispielsweise Geh- und Fahrrechte über das Grundstück. Diese entstammen jedoch oftmals noch einer Zeit, als die Gegend noch nicht komplett erschlossen war. Ist für das Geh- und Fahrrecht eines Dritten über das Grundstück kein vernünftiger Grund mehr ersichtlich, welcher ein solches Recht erforderlich macht, besteht ein Anspruch auf Löschung gegen den Berechtigten.

- Auch mögliche Auseinandersetzungen mit den Nachbarn müssen einkalkuliert werden. Prüfen Sie, ob **Baulasten** im Baulastenverzeichnis eingetragen sind (siehe Seite 20).

- Begutachten Sie den **Pflanzenwuchs** auf dem nachbarlichen Grundstück! Hat der Nachbar zum Beispiel seine Bäume und Hecken seit Jahrzehnten hoch wachsen lassen und wird Ihr Grundstück verschattet, steht Ihnen möglicherweise ein Beseitigungsanspruch nach § 1004 BGB zu. Maßgeblich ist, wie sich der Schattenfall an welchen Stellen auf Ihrem Grundstück bemerkbar macht und ob der konkrete Lichteinfall in das Wohnhaus erheblich gemindert wird. Dabei kommt es auf den konkreten Einzelfall an.

Der Beseitigungsanspruch könnte allerdings verjährt sein, in Hessen beispielsweise gilt eine relativ kurze Verjährungszeit von fünf Jahren. Möglicherweise sind Sie, auch als neuer Eigentümer, zur Duldung verpflichtet, wenn der Verkäufer Ihres Grundstücks seine Rechte gegen den Nachbarn nicht gewahrt hat. Fällt Ihnen also bei der Grundstücksbesichtigung auf, dass der Nachbar seine Bäume unangenehm hoch wachsen lässt und möchten Sie in diesem Zustand das neue Grundstück nicht bewohnen, muss durch einen Juristen geprüft werden, ob ein Beseitigungsanspruch besteht. Ansonsten müssen Sie möglicherweise mit dem Schattenfall leben.

**Tipp**

Ein kurzes Gespräch mit dem Nachbarn empfiehlt sich unabhängig von konkreten Störungen. Damit lassen sich häufig bereits Probleme klären. Übrigens: Eine Vielzahl von Streitigkeiten an deutschen Amtsgerichten wird zwischen Nachbarn ausgetragen.

- Fallen Ihnen am Nachbargrundstück **bauliche Gegeben-heiten** auf, die Ihnen nicht passen, ist ebenfalls Vorsicht geboten. Ein Beseitigungsanspruch ist möglicherweise verwirkt, Sie als Erwerber müssen den derzeitigen Zustand damit bestehen lassen.

**Beispiel**

Am nachbarlichen Grundstück ist an der Grenze ein Schuppen gebaut, der auch als Werkstatt benutzt wird. Das Dach ragt als Überhang in das von Ihnen zu erwerbende Grundstück hinein. Der Überbau ist seinerzeit durch eine Unachtsamkeit entstanden, Vorsatz oder grobe Fahrlässigkeit durch die seinerzeitigen Eigentümer des Nachbargrundstückes bestand nicht. Der Zustand besteht schon länger als 30 Jahre. In diesem Fall hätte sich der vormalige Eigentümer Ihres neuen Grundstücks um die Entfernung des Überbaus kümmern müssen, denn es bestand ein Anspruch auf Beseiti-gung des Überbaus. Da dieser nie geltend gemacht wurde, ist Verjährung eingetreten. Diese Verjährung, so die Rechtsprechung, müssen Sie sich als Rechtsnachfolger zurechnen lassen, das heißt, sie gilt auch für Sie.

# DIE UNTERSCHIEDE ZWISCHEN BAUPLANUNGSRECHT UND BAUORDNUNGSRECHT

Bevor Sie ein Grundstück erwerben, gilt es, dessen Bebau-barkeit zu prüfen. Sodann muss sichergestellt werden, dass der konkrete Bau den öffentlich-rechtlichen Vorschriften ent-spricht, beispielsweise dem Brandschutz. Diese Fragestellun-gen behandelt das öffentliche Baurecht. Charakteristisch hier-für ist, dass der Bauherr sich mit Behörden auseinandersetzen muss.

Bauherren sollten wissen, dass sich das öffentliche Baurecht in zwei Hauptgebiete aufspaltet, nämlich das Bauplanungs-recht und das Bauordnungsrecht. Das Bauplanungsrecht regelt die Bodennutzung eines bestimmten Gebiets und ist damit grundstücksbezogen. So legt etwa der Bebauungsplan einer Stadt fest, wie ein bestimmtes Gebiet bebaut werden kann, zum Beispiel nur zweigeschossig.

Das Bauordnungsrecht regelt die Sicherheit des einzelnen Gebäudes und ist damit objektbezogen. So prüft beispielsweise das Bauamt, ob die Standsicherheit des Gebäudes gewährleistet ist.

**01**

# BAUPLANUNGSRECHT

Zunächst sollten Sie als Bauherr die bauplanungsrechtlichen Voraussetzungen eines Bauwerks prüfen. Ergeben die bauplanungsrechtlichen Vorschriften, dass das Grundstück nicht in Ihrem Sinne bebaut werden darf, muss auch nicht bauordnungsrechtlich geprüft werden, ob das konkrete Gebäude den Vorschriften des Bauordnungsrechts entspricht. Selbstverständlich ist das grundsätzlich Aufgabe des Planers bzw. des Architekten. Es empfiehlt sich jedoch für Bauherren, zumindest im Ansatz nachvollziehen zu können, welche bauplanungsrechtlichen Bebaubarkeitsvoraussetzungen existieren. Wie prüfen Sie also als Bauherr die bauplanungsrechtlichen Voraussetzungen der Bebaubarkeit eines Grundstücks? Ganz einfach – Sie machen sich zunächst gedanklich klar, dass es lediglich drei bauplanungsrechtliche Hauptbereiche gibt, und überlegen, in welchem dieser Bereiche Ihr Grundstück eigentlich liegt. Es existieren

1. Gebiete mit Bebauungsplan,
2. Gebiete im Innenbereich ohne Bebauungsplan,
3. Gebiete im Außenbereich.

Prüfen Sie zunächst, ob Ihr Grundstück in einem Gebiet liegt, für das ein Bebauungsplan existiert.

**Tipp**

Ein Bebauungsplan ist rechtlich eine sogenannte Satzung. Oftmals können Sie diese Satzungen als PDF-Datei auf der jeweiligen Internetseite der Gemeinde oder Stadt einsehen und ausdrucken.

Wenn Sie herausgefunden haben, dass ein Bebauungsplan existiert, lesen Sie diesen genau durch. Es gibt **qualifizierte** und **einfache** Bebauungspläne. Die qualifizierten Bebauungspläne regeln die Art und das Maß der baulichen Nutzung.

**Beispiel**

Im Bebauungsplan ist genau geregelt, welcher Flächenanteil des Grundstücks bebaut und wie viele Geschosse errichtet werden dürfen. In diesem Fall ist das Maß der baulichen Nutzung festgelegt. Außerdem ist im Bebauungsplan geregelt, welche Gebiete als Wohngebiet genutzt werden dürfen, und welche als Gewerbegebiet. Damit ist auch die Art der baulichen Nutzung geregelt.

Warum ist es wichtig zu klären, welche Art Bebauungsplan vorliegt? Bei qualifizierten Bebauungsplänen ist lediglich zu prüfen, ob das geplante Vorhaben dem Bebauungsplan entspricht und ob die Erschließung des Geländes gesichert ist. Dies ermöglicht eine relativ schnelle Prüfung der bauplanungsrechtlichen Bebaubarkeit. Das geht aber nur, wenn tatsächlich ein qualifizierter Bebauungsplan vorliegt, der also seinerseits genügend Regelungen enthält. Der Vorteil an diesem vereinfachten Verfahren ist, dass nicht geprüft werden muss, ob das zu errichtende Bauwerk zu den bereits vorhandenen Bauwerken passt.

**Tipp**

Liegt ein Gebiet im Innenbereich ohne qualifizierten Bebauungsplan vor, kann es erhebliche Schwierigkeiten mit der Baugenehmigung geben. Ob sich ein Bauvorhaben in die nähere Umgebung einfügt oder nicht, kann jeder Sachbearbeiter beim Bauamt anders beurteilen. Freilich existieren Kriterien der Rechtsprechung, wann hiervon auszugehen ist, es könnte sich jedoch erst eine längere Auseinandersetzung ergeben. Klären Sie vor Abschluss des Werkvertrags unbedingt die Bebaubarkeit beim Bauamt!

Liegt kein qualifizierter Bebauungsplan vor, sondern nur ein einfacher Bebauungsplan oder gar keiner, muss bei jedem zu errichtenden Bauwerk im Innenbereich geprüft werden, ob sich dieses in die Eigenart der Umgebung einfügt und das Ortsbild nicht beeinträchtigt wird.

Dass diese Prüfung zu erheblichen Meinungsverschiedenheiten führen kann, liegt auf der Hand. Was bedeutet nämlich Eigenart der näheren Umgebung? Diese Abgrenzung ist sehr schwierig. Fest steht jedenfalls, dass sich das Bauwerk nicht nur an die unmittelbar angrenzenden Grundstücke anpassen muss, sondern der Radius größer ist, und zwar abhängig vom jeweiligen Einzelfall. Die Eigenart der näheren Umgebung wird hauptsächlich durch die vorhandene Bebauung bestimmt.

**01**

Liegt das Vorhaben im Außenbereich, sind Bauwerke bauplanungsrechtlich nur sehr eingeschränkt zulässig. Es muss sich um ein sogenanntes privilegiertes Vorhaben handeln, außerdem dürfen öffentliche Belange dem Bauvorhaben nicht entgegenstehen und die Erschließung muss gesichert sein. Nur wenige vom Gesetzgeber ausdrücklich genannte Bauvorhaben sind privilegiert, zum Beispiel im Rahmen der Land- und Forstwirtschaft oder zur Energiegewinnung.

# BAUORDNUNGSRECHT

Welche bauordnungsrechtlichen Anforderungen sind zu beachten? Wie bereits dargelegt, ist das Bauordnungsrecht objektbezogen. Es wird demnach geprüft, ob Ihr konkretes Bauvorhaben so beschaffen ist, dass die öffentliche Sicherheit und Ordnung gewahrt bleibt und das Leben und die Gesundheit der Bauherrn und der Nachbarn etc. nicht gefährdet wird. Bauordnungsrecht ist damit Gefahrenabwehrrecht. Die Bestimmungen des Bauordnungsrechts sind ständig zu beachten, nicht nur bei der Errichtung, sondern auch bei der Änderung und beim Betrieb bzw. der Instandhaltung des Gebäudes. Welche speziellen Anforderungen bestehen bauordnungsrechtlich?

Zunächst muss sichergestellt sein, dass das Grundstück überhaupt befahren werden kann. Ist ein Grundstück verkehrstechnisch nicht zu erreichen, kann es auch nicht bebaut werden.

**Beispiel**

Bauherr B. hat ein wundervolles Grundstück „im Grünen" gefunden, an das aber keine öffentliche Straße grenzt und das nur über den Hof des Nachbarn N. befahren werden könnte. Das Grundstück kann nicht direkt befahren werden, B. wird das Grundstück nicht bebauen dürfen. Wie kann B. trotzdem erreichen, dass eine Bebauung ermöglicht wird? Er kann mit N. vereinbaren, dass dieser sich damit einverstanden erklärt, B. (und sonstigen Personen) den Zugang zum Grundstück über das eigene Grundstück zu ermöglichen. N. verpflichtet sich also gegenüber der Bauaufsichtsbehörde dazu, die Zufahrt zum Grundstück des B. über sein eigenes Grundstück zu gewährleisten. Man spricht von einer Baulast. Da N. zur Einrichtung der Baulast rechtlich nicht verpflichtet ist, wird er in aller Regel hierfür einen Gegenwert erhalten. Die Baulast wird im Baulastverzeichnis eingetragen. Dabei handelt es sich um ein bei der jeweiligen Bauaufsichtsbehörde geführtes Verzeichnis sämtlicher das konkrete Grundstück betreffender Baulasten.

Eine Baulast wirkt nicht direkt im Verhältnis der Nachbarn untereinander. Wenn einer, wie im obigen Beispiel, einem anderen die Zufahrt über sein Grundstück ermöglicht, verpflichtet er sich gegenüber der Bauaufsichtsbehörde. Verweigert er später die Zufahrt zum Grundstück, kann der Nachbar ihn nicht zivilrechtlich verklagen. Er muss den Weg über die Bauaufsicht gehen und dort anzeigen, dass die Bestimmungen der Baulast nicht eingehalten werden. Die Bauaufsichtsbehörde wird dann tätig werden.

## Geh- und Fahrrecht doppelt absichern

Sichern Sie das Geh- und Fahrrecht nicht nur öffentlich-rechtlich durch eine Baulast, sondern auch zivilrechtlich durch Vereinbarung einer Grunddienstbarkeit ab, die im Grundbuch eingetragen wird. Die Baulast wird nur im Baulastenverzeichnis eingetragen, nicht im Grundbuch. Die Grunddienstbarkeit

**Tipp**
Baulasten bleiben bestehen, wenn sich die Eigentumsverhältnisse ändern. Prüfen Sie also vor Erwerb eines Grundstücks unbedingt im Baulastenverzeichnis, ob Baulasten bestehen.

vermittelt dann einen einklagbaren zivilrechtlichen Anspruch gegen den Nachbarn.

## Abstandsflächen im Auge behalten

Wenn die Erschließung des Grundstücks gesichert ist, ist bauordnungsrechtlich zu prüfen, ob die relevanten Abstandsflächen eingehalten wurden. Die einzuhaltenden Abstände zum nachbarlichen Grundstück sind in den jeweiligen Landesbauordnungen geregelt. Es kann jedoch durchaus sein, dass im Bebauungsplan von diesen Vorschriften abgewichen wird. Sind bauplanungsrechtliche Bestimmungen hinsichtlich der einzuhaltenden Abstandsflächen getroffen, etwa in einem Bebauungsplan, haben diese Regelungen Vorrang.

**01**

Welchen Sinn haben Abstandsflächen? Abstandsflächen sollen ausreichenden Lichteinfall sicherstellen und sind darüber hinaus auch wegen des Brandschutzes wichtig. Außerdem soll auch die Privatsphäre der jeweiligen Grundstückseigentümer gewahrt werden. Die Abstandsflächen müssen fast immer auf dem Grundstück selbst liegen. Die Tiefe der Abstandsflächen richtet sich nach der Wandhöhe. Je höher ein Gebäude ist, umso mehr Abstand muss es (auf dem eigenen Grundstück) zum nachbarlichen Grundstück einhalten. In Hessen beträgt der Mindestabstand eines Gebäudes 3 Meter zum benachbarten Grundstück. Daraus lässt sich der Grundsatz ableiten, dass Grenzbebauung nicht erlaubt ist.

Es gibt aber Ausnahmen: So dürfen Garagen oder Stellplätze bis zu einer bestimmten Größe an die Grundstücksgrenze gebaut werden. Auch untergeordnete Gebäude (zum Beispiel Schuppen oder kleine Werkstattgebäude) dürfen bis zu einer gewissen Größe an die Grenze gebaut werden, man spricht dabei vom Grenzbauprivileg.

Was können Sie als Bauherr unternehmen, wenn Sie eine Grenzbebauung mit Ihrem Wohnhaus an der Grundstücksgrenze zum Nachbarn erreichen möchten? Zum einen existiert die Möglichkeit eines sogenannten Abweichungsverfahrens. Das bedeutet, dass die Baugenehmigungsbehörde unter bestimmten Voraussetzungen bauliche Abweichungen zulassen kann. Hierbei ist entscheidend, welchen Zweck die Anforderung eigentlich erfüllt, von welcher abgewichen werden soll. Abstandsflächen sollen vor allem den Brandschutz sicherstellen. Eine Abweichung von den zwingend einzuhaltenden Abstandsflächen kommt daher nur in Betracht, wenn Belange des Brandschutzes nicht dagegensprechen. Erst dann kann die Behörde grundsätzlich eine Ermessensentscheidung treffen, die eine Abweichung erlaubt. Abweichungsentscheidungen sind selten, mit einer guten Begründung jedoch durchaus möglich.

Eine weitere Möglichkeit, eine Grenzbebauung zu erreichen, ist das Verhandeln mit dem Nachbarn. Wie bereits ausgeführt, besteht die Möglichkeit der Eintragung einer Baulast in das Baulastenverzeichnis (siehe Seite 20). In Bezug auf die Abstandsflächen bedeutet das, dass der Nachbar die Abstandsflächen auf seinem Grundstück übernimmt.

**Beispiel**

Bauherr B. müsste zum nachbarlichen Grundstück eigentlich 3 Meter Abstand halten. Er möchte allerdings lediglich 1 Meter Abstand halten, weil sich nur dadurch die Maße seines Traumhauses realisieren lassen. Nachbar N. ist das ganz egal. Er ist bereit, die fehlenden 2 Meter Abstandsfläche auf seinem Grundstück zu übernehmen. Da N. seinerseits 3 Meter Abstandsfläche einhalten muss und sich Abstandsflächen nicht überdecken dürfen, vergrößert sich die Tiefe der Abstandsfläche für N. durch die Übernahme der Abstandsfläche des B. auf insgesamt 5 Meter. B. braucht also nur einen Meter Abstand zu halten, N. dagegen 5 Meter. Insgesamt bleibt es bei 6 Meter Abstandsfläche.

Eine weitere bauordnungsrechtlich relevante Bestimmung ist das sogenannte Verunstaltungsverbot. Die Baugenehmigungsbehörde hat darauf zu achten, dass Gebäude, die grundsätzlich den baurechtlichen Bestimmungen entsprechen, auf ihre Umgebung nicht verunstaltend wirken. Dabei prüft die Behörde einerseits, ob das Bauvorhaben für sich betrachtet, also ohne Einbezug der Umgebung, verunstaltend wirkt. Zum Beispiel können grelle Farben (je nach Intensität) als verunstaltend eingeschätzt werden. Außerdem prüft die Behörde, ob sich die bauliche Anlage in das Bild der Umgebung ausreichend einfügt. Dadurch können auch bauliche Anlagen verunstaltend wirken, welche für sich betrachtet nicht als verunstaltend zu bezeichnen sind.

**Beispiel 1**

Bauherr B. möchte seinen Traum verwirklichen und plant die Errichtung eines Gebäudes, das er in vielen leuchtenden Farben bemalen möchte. Das Gebäude soll kunterbunt werden. Fügt sich ein solches Bauvorhaben nicht in die Eigenart der näheren Umgebung ein, wird B. keine Baugenehmigung erhalten.

**Beispiel 2**

Ein Haus wird als Alpenhütte nach bayerischem Vorbild geplant. Die nähere Umgebung wird durch moderne Wohnbebauung im Bungalowstil geprägt. In einem solchen Fall kann die Baugenehmigungsbehörde die Entscheidung treffen, dass das Bauvorhaben verunstaltend wirkt. Freilich ist dies immer eine Frage des Einzelfalls und kann nicht pauschal festgelegt werden. Ein Durchschnittsbetrachter jedenfalls muss sich durch die bauliche Anlage geradezu belästigt fühlen, eine bloße Beeinträchtigung reicht nicht aus. Es sind also hohe Hürden zu überwinden, ehe eine bauordnungsrechtliche Verunstaltung anzunehmen ist.

# DIE BAUGENEHMIGUNG

Nachdem die bauplanungsrechtlichen und bauordnungsrechtlichen Voraussetzungen des Grundstücks eingehend geprüft wurden, kann das Bauvorhaben im Detail geplant werden. Wenn die Planung abgeschlossen ist, wird entweder die Baugenehmigung beantragt oder der Baubeginn bei der

Genehmigungsbehörde angezeigt. Es sind drei Möglichkeiten zu unterscheiden:

1. Es gibt Bauvorhaben, bei welchen zwingend eine Baugenehmigung erteilt werden muss,
2. Bauvorhaben, bei welchen keine Genehmigung einzuholen ist,
3. die Möglichkeit eines vereinfachten Genehmigungsverfahrens.

Grundsätzlich bedarf zwar jedes Bauvorhaben einer Baugenehmigung, manche Bauwerke werden allerdings von den Vorschriften der jeweiligen Landesbauordnung hiervon ausgenommen.

**Beispiel**

Der in Hessen lebende Bauherr B. will ein Wohnhaus in einem Gebiet errichten, für welches ein qualifizierter Bebauungsplan existiert (siehe Seite 18). Es bedarf hierfür im Geltungsbereich des Bebauungsplans keiner ausdrücklichen Baugenehmigung, wenn die Erschließung des Grundstücks gesichert ist und das Bauvorhaben den Festsetzungen des Bebauungsplans entspricht. Natürlich muss der Bauherr die Unterlagen bei der Baugenehmigungsbehörde einreichen, nach einer gewissen Wartezeit kann er dann aber einfach mit dem Bau beginnen.

Bauherren übersehen in der Praxis gerne den Umstand, dass auch Nutzungsänderungen genehmigungspflichtig sind. Nicht nur die Errichtung und der Abbruch von Bauwerken sind grundsätzlich baugenehmigungspflichtig, sondern auch deren Nutzungsänderung. Im Geltungsbereich von qualifizierten Bebauungsplänen existiert wiederum die Erleichterung wie im obigen Beispielfall. Existiert jedoch kein Bebauungsplan, sind Nutzungsänderungen genehmigungspflichtig.

**Beispiel**

Bauherr B. kauft ein Bestandsgebäude, welches bislang als Büro genutzt wurde. Er möchte Umbauten vornehmen, außerdem soll das Gebäude als Wohnhaus genutzt werden. Es existiert kein Bebauungsplan für das Gebiet. B. ist gut beraten, vor Kauf des Grundstücks die Genehmigungsfähigkeit der Nutzungsänderung zu prüfen und eine diesbezügliche Anfrage beim zuständigen Bauamt durchzuführen.

**01**

# VERFAHRENSFRAGEN IM ÖFFENTLICHEN BAURECHT

Bevor Sie erhebliche Kosten für die Planung Ihres Wohnhauses investieren, sollten Sie genau dessen Bebaubarkeit prüfen. Gerade in Gebieten im Innenbereich, in denen kein Bebauungsplan existiert (siehe Seite 18) können ernsthafte Schwierigkeiten bei der Erteilung der Baugenehmigung entstehen. Sie können eine verbindliche Auskunft der Behörde erhalten, indem Sie die sogenannte Bauvoranfrage stellen. Dabei können Sie sich einzelne Fragen in Bezug auf die Bebaubarkeit Ihres Grundstückes verbindlich von der Behörde prüfen und beantworten lassen. Die Behörde erlässt sodann einen Bauvorbescheid, dieser ist drei Jahre gültig.

Nachdem die Bebaubarkeit des Grundstückes geprüft wurde, kann bei genehmigungspflichtigen Bauvorhaben der Bauantrag gestellt werden. Dem Bauantrag sind die für das Bauwerk wichtigen Unterlagen beizufügen, man spricht von den Bauvorlagen.

Nur wenn es sich um ein genehmigungspflichtiges Vorhaben (siehe Seite 24) handelt, prüft die Behörde die Frage, ob der Unterzeichner des Bauantrags über die erforderliche Sachkunde verfügt. Ansonsten ist es Sache des Bauherrn, die von ihm beauftragte Person dahingehend zu überprüfen.

**Tipp**

Wenn Sie im Vorfeld wissen möchten, welche Unterlagen dem Bauantrag beigefügt sein müssen, nehmen Sie bei der zuständigen Baubehörde Einblick in den jeweiligen Bauvorlagenerlass.

Grundsätzlich ist die Baugenehmigungsbehörde verpflichtet, innerhalb von drei Monaten über den Bauantrag zu entscheiden. Die Frist kann allerdings verlängert werden, wenn hierfür nachvollziehbare Gründe (zum Beispiel Umfang des Baus und dessen technische Anforderungen) bestehen.

Die Baugenehmigungsbehörde wird sodann die beteiligte Gemeinde oder Stadt anhören. Gegebenenfalls sind auch Nachbarn zu beteiligen, nämlich wenn bei Vorschriften, welche die Nachbarschaft schützen, Abweichungen geplant sind, beispielsweise durch eine Ausnahmegenehmigung.

**Beispiel**

Die Baugenehmigungsbehörde erlaubt dem Bauherrn B. als Ausnahme, sein Wohnhaus nur 2 Meter von der Grundstücksgrenze des Nachbarn N. zu errichten. Zwar weicht die Entscheidung von den bauordnungsrechtlichen Vorgaben ab, die Genehmigungsbehörde begründet die Abweichungsentscheidung jedoch damit, dass öffentlich-rechtliche Vorschriften nicht dagegenstünden. Insbesondere Brandschutzbelange seien gewahrt, N. wolle ja schließlich an der betreffenden Grundstücksseite nicht bauen, er habe das Grundstück ja bereits bebaut. N. erhält ein Schreiben, in welchen ihm dieser Sachverhalt mitgeteilt wird.

Ist ein Nachbar mit der Erteilung einer Baugenehmigung nicht einverstanden, muss er innerhalb von zwei Wochen, nachdem er von der Baugenehmigungsbehörde angehört wurde, Einwendungen erheben.

**Beispiel**

Im obigen Beispielfall wendet sich N. sofort nach seiner Anhörung an die Genehmigungsbehörde. Er ist mit der Abweichungsentscheidung nicht einverstanden, da er sich die Bebauungsmöglichkeiten seines Grundstücks in Zukunft offen halten möchte.

Wenn alle Beteiligten mündlich oder schriftlich angehört wurden, und die öffentlich-rechtlichen Vorschriften erfüllt sind, erteilt die Behörde die Baugenehmigung. Ansonsten verweigert die Baugenehmigungsbehörde die Erteilung der Baugenehmigung, hiergegen kann der Bauherr Widerspruch einlegen. Danach überprüft die Behörde erneut den Sachverhalt. Entweder wird dem Widerspruch abgeholfen oder der Widerspruch wird mit Widerspruchsbescheid zurückgewiesen. Gegen diesen Widerspruchsbescheid kann Klage eingereicht und damit eine gerichtliche Überprüfung des Sachverhalts veranlasst werden.

Nachdem die Baugenehmigung erteilt wurde, kann der Bau beginnen. Die landesrechtlichen Vorschriften bestimmen, dass eine Bauleitung den Bau überwachen muss. Diese fachkundige Person muss dem Bauamt gegenüber benannt werden, dies gilt auch bei genehmigungsfreien Vorhaben. Die Bauleitung überwacht die Ausführung der Bauarbeiten. Nach Beendigung der Arbeiten zeigt die Bauleitung der Baubehörde durch eine Fertigstellungsanzeige an, dass die Bauarbeiten beendet sind und die Nutzung aufgenommen wurde. Der Behörde steht dabei ein Ermessen dahingehend zu, ob eine Prüfung vor Ort durchgeführt wird oder ob der Vorgang geschlossen wird.

Welche rechtlichen Möglichkeiten hat eigentlich die Bauaufsichtsbehörde und wie können Sie sich als Bauherr zur Wehr setzen? Die Baugenehmigungsbehörde kann den Bau per Verwaltungsakt einstweilen einstellen, und zwar dann, wenn entweder keine Baugenehmigung vorliegt oder das Bauvorhaben trotz Baugenehmigung (oder bei Genehmigungsfreiheit) nicht den öffentlich-rechtlichen Vorschriften entspricht. Diese Möglichkeit wird vor allem dann genutzt, wenn es absehbar ist, dass der Bau fortgesetzt werden kann und eine sofortige Abrissverfügung unverhältnismäßig wäre.

01

**Beispiel**

Bauherr B. hat die Abstandsflächen nicht eingehalten. Die Baugenehmigungsbehörde wird einen Baustopp verfügen. Möglicherweise kann der
Bau noch genehmigt werden, wenn der Nachbar die Abstandsflächen
übernimmt (siehe Seite 21 f.).

Bei schweren Verstößen gegen die einschlägigen öffentlich-
rechtlichen Vorschriften kann von der Baugenehmigungsbehörde angeordnet werden, dass das Bauwerk nicht mehr
benutzt werden darf und/oder abgerissen werden muss.

**Beispiel**

Bauherr B. errichtet ein Wohnhaus außerhalb des Ortes. Er hat darauf
vertraut, dass die Baugenehmigung schon irgendwie erteilt werden
würde. Etwaige Auflagen finanzieller Art nähme er gern in Kauf. Als
die Baugenehmigungsbehörde von dem (fast fertiggestellten) Bauwerk
erfährt, erfolgt ein Baustopp durch die Behörde, dann die Aufforderung,
den Schwarzbau zu beseitigen. B. wehrt sich dagegen durch Widerspruch
und Klage. Seine Rechtsverfolgung hat kaum Aussicht auf Erfolg. Es wird
ihm nicht gelingen, die Beseitigungsverfügung abzuwehren. Fakt ist, dass
im Außenbereich nur privilegierte Bauvorhaben, zum Beispiel landwirt-
schaftlicher Art, erlaubt sind. Die Wohnbebauung ist schlicht und einfach
verboten. B. hat sich verzockt, eine reine Geldauflage kommt nicht in
Betracht.

Für eine Abrissverfügung bedarf es einer formellen und einer materiellen Illegalität des Bauwerks. Formelle Illegalität
bedeutet, dass keine Genehmigung vorliegt. Dies sagt aber
noch nichts über die Frage aus, ob das Vorhaben überhaupt
genehmigt werden könnte. Materiell illegal ist das Vorhaben,
wenn es nicht genehmigungsfähig ist. Im obigen Beispielfall
liegt keine Baugenehmigung vor (formelle Illegalität) und das
Vorhaben ist als Wohnbebauung im Außenbereich nicht genehmigungsfähig (materielle Illegalität). Der Bauherr muss
den Bau auf eigene Kosten beseitigen. Möglicherweise beste-

hen Schadenersatzansprüche gegen den Architekten, wenn dieser falsch beraten hat.

Was ist eigentlich unter Bestandsschutz zu verstehen? Bestandsschutz bedeutet, dass ein Bauvorhaben, welches ursprünglich den öffentlich-rechtlichen Vorschriften entsprach, auch heute und damit auch mit einer möglicherweise geänderten Rechtslage bestehen bleiben kann.

**01**

**Beispiel**

Bauherr B. hat 1978 ein Wochenendhaus im Grünen errichtet, und zwar ohne Genehmigung. Der Baubehörde ist dies seit 1979 bekannt. Seit 2010 fordert die Behörde den B. auf, das Wochenendhaus zu beseitigen. Davor war das Bauwerk stets geduldet worden. B. meint, ein Recht darauf zu haben, dass das Gebäude stehen bleiben kann. Allein der lange Zeitabstand führe dazu, dass die Behörde den Abriss nicht verlangen könne. Schließlich sei der Bau der Behörde seit 1979 bekannt. Kann sich B. auf Bestandsschutz berufen? Aller Wahrscheinlichkeit nach nicht.

Dieser kann nur greifen, wenn sich das Bauwerk ursprünglich einmal im Einklang mit den öffentlich-rechtlichen Vorschriften befand. Hier ist es aber so, dass auch im Jahr 1978 im Außenbereich keine Wohnbauten errichtet werden durften. Somit kann zugunsten des B. kein Bestandsschutz greifen.

Wurde beispielsweise im Jahre 1937 ein Bauwerk (Werkstatt) an einer Grundstücksgrenze errichtet und galten zu diesem Zeitpunkt die heutigen Vorschriften über Grenzabstände noch nicht bzw. war das Bauwerk seinerzeit im Einklang mit den öffentlich-rechtlichen Vorschriften, besteht auch zum heutigen Tage noch Bestandsschutz, das Bauwerk kann auf der Grenze stehen bleiben.

**02**

# DIE VERSCHIEDENEN GESTALTUNGSFORMEN BEIM BAUEN

Seien Sie ehrlich zu sich selbst: Über welche Fachkenntnisse am Bau verfügen Sie wirklich? Trauen Sie sich zu, die beauftragten Handwerker fachlich zu beaufsichtigen? Können Sie Verträge mit den Handwerkern aufsetzen? Falls nicht, wer soll das alles für Sie erledigen? Mit der Entscheidung, wer welche Verantwortung übernimmt, stellen Sie wichtige Weichen für die erfolgreiche Realisierung Ihres Bauvorhabens.

Oftmals zeigt sich, dass Bauherren vor dem Bau nicht ausreichend überlegen, in welcher Art sie das Bauvorhaben realisieren wollen. Vielfach machen sich Bauherren keine Vorstellung davon, mit wem sie eigentlich einen Vertrag geschlossen haben. Bei einfach gelagerten Fällen ist natürlich allen Beteiligten klar, zwischen wem vertragliche Beziehungen bestehen und ein Bauvertrag geschlossen wurde. Problematisch wird es jedoch bereits dann, wenn ein Architekt auf der Baustelle tätig ist, welcher nicht unmittelbar vom Bauherrn ausgewählt wurde. Wer ist dann Vertragspartner? Denkbar sind auch Fälle, in denen der ursprünglich beauftragte Werkunternehmer Leistungen durch Dritte ausführen lässt, ohne dies mit dem Bauherren abgesprochen zu haben. Bei Bauträgerverträgen muss sich der Erwerber um die Beauftragung von Handwerkern nicht kümmern. Kann er trotzdem direkt gegenüber den Handwerkern Mängel rügen?

Oftmals ist Bauherren gar nicht klar, aus welchem Grund sie sich für ein bestimmtes Baumodell, beispielsweise den Bauträgervertrag, entschlossen haben.

Es gibt Baumodelle, in welchen Sie als Bauherr kaum mit technischen Fachfragen und der Bauüberwachung gefordert sind, beispielsweise beim Bauträgermodell. Bei anderen kann es sinnvoll sein, einen Baubetreuer zu engagieren.

Die folgenden Ausführungen sollen die klassischen Baumodelle dem Laien ein wenig näherbringen. Der Bauherr muss sich überlegen, ob er die Verantwortung für die Auswahl und Überwachung der Handwerker selbst tragen möchte, ob er dies durch den Werkunternehmer erledigen lassen möchte oder ob er sich des Fachwissens geeigneter Spezialisten, beispielsweise Architekten oder Baubetreuer, bedienen möchte.

**Tipp**

Überlegen Sie sich genau, welche Zeit Sie für die Betreuung des Bauvorhabens aufwenden können und welche Erfahrungen Sie mit Bauvorhaben bereits gesammelt haben.

# DER BAUVERTRAG ZWISCHEN BAUHERR UND HANDWERKER

Bei einfach gelagerten Projekten schließen Bauherr und Handwerker einen Bauvertrag, ohne dass es der Hilfe Dritter bedarf.

---

**Beispiel 1**

Bauherr B. beauftragt den Handwerker H. mit dem Verputzen seines Einfamilienhauses.

Vertragliche Beziehungen entstehen nur zwischen dem Bauherrn und dem Handwerker. Bei komplexeren Bauvorhaben ist es allerdings so, dass nur in seltenen Fällen eine Handwerksfirma sämtliche Aufgaben aller Gewerke erledigen kann.

**Beispiel 2**

Bauherr B. beauftragt Handwerksfirma H. mit der Errichtung eines Anbaus. Zunächst müssen Planungsarbeiten erfolgen, dann möglicherweise eine Baugenehmigung eingeholt werden, hieran schließen sich Baggerarbeiten, Rohbau, Dachdeckerarbeiten, Innenausbau, Sanitär und Elektrikerarbeiten an. Ein kleineres Unternehmern kann diese Arbeiten nicht allein bewältigen, es müssen Drittunternehmen beigezogen werden.

---

An dieser Stelle müssen Sie sich als Bauherr kritisch fragen, ob Sie die erforderliche Fachkompetenz haben, die Einzelgewerke selber zu vergeben. In der Regel wird dies nicht der Fall sein. Wen möchten Sie also beauftragen? Ein Handwerksunternehmen, welches das für sie erledigt? Vertrauen Sie der Fachfirma? Oder besser gleich ein Architekt oder Baubetreuer, welcher den Bau begleitet?

# DER GENERALUNTERNEHMERVERTRAG/ GENERALÜBERNEHMERVERTRAG

Dieser Vertragstyp ist sehr häufig: Sie beauftragen eine Handwerksfirma mit der Erbringung aller Bauleistungen und ermächtigen den Handwerker (Generalunternehmer), Leistun-

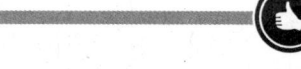

gen ganz oder teilweise von einem Dritten (Nachunternehmer) erbringen zu lassen. Der Nachunternehmer wird auch Subunternehmer genannt.

Vertragliche Beziehungen entstehen allerdings nur im Verhältnis vom Auftraggeber zum ursprünglich beauftragten Handwerker, nicht auch von Auftraggeber zu Subunternehmer (siehe auch Seite 135). Ein Generalunternehmer wird damit in einem solchen Vertragsverhältnis im Verhältnis zum Bauherrn Auftragnehmer, im Verhältnis zum Subunternehmer jedoch ebenfalls Auftraggeber.

**Tipp**

Bei Generalunternehmerverträgen muss Ihnen klar sein, dass Subunternehmen beauftragt werden. Theoretisch können durch den Subunternehmer dann weitere Subunternehmen beauftragt werden, möglicherweise kommen Ihnen gänzlich unbekannte Firmen zum Einsatz.

**02**

Bei einem Generalunternehmervertrag erbringt der Generalunternehmer einen erheblichen Teil der Arbeiten selbst.

**Beispiel**

Bauherr B. schließt mit Handwerksfirma H. einen Bauvertrag zur Errichtung seines geplanten Wohn- und Geschäftshauses. H. soll die Aushub- und Rohbauarbeiten sowie die Dacheindeckung selber ausführen, die Aufgaben der restlichen Gewerke soll H. an Drittunternehmen vergeben. H. beauftragt selbstständig die Unternehmen X., Y. und Z. mit der Erbringung dieser restlichen Leistungen.

Der Generalunternehmer ist allerdings trotz der Berechtigung, Subunternehmer beauftragen zu können, dem Bauherrn für die Bauarbeiten verantwortlich, er schuldet ihm sämtliche Bauarbeiten, um das Bauwerk wie vereinbart herzustellen. Bestehen Mängel, wird der Bauherr diese direkt gegenüber dem Generalunternehmer geltend machen (siehe Seite 135).

Ein Generalübernehmervertrag ist strukturell vergleichbar, allerdings erbringt der Generalübernehmer keine eigenen Arbeiten.

**Beispiel**

Bauherr B. beauftragt Generalübernehmer G. mit der Errichtung seines Einfamilienhauses. G. plant und erbringt Ingenieurleistungen, lässt aber sämtliche Arbeiten von den Drittunternehmen X., Y. und Z. erbringen.

Bauherren beauftragen oftmals Generalunternehmer/Generalübernehmer in gutem Glauben, dass diese schon alles erledigen werden. Häufig werden diese Unternehmen bereits mit der Planung beauftragt und sodann mit der Ausführung. Auch das Recht, Drittunternehmen zu beauftragen, wird eingeräumt. Selbst die Bauleitung wird oft von einem Handwerker erledigt, der zum Lager des Generalunternehmers zu zählen ist. Sie müssen sich also als Bauherr fragen, wer Ihre Interessen gegenüber dem Generalunternehmer vertritt. Wer berät Sie unabhängig von den Vorschlägen des Generalunternehmers?

**Tipp**

Investieren Sie in eine Beratung durch einen Bauingenieur, Architekten oder sonstigen Baubetreuer! Selbstverständlich gehört ein gewisses Vertrauen zum Generalunternehmer zu einem erfolgreichen Bauablauf dazu, aber trotzdem sollten Sie sich angesichts der enormen finanziellen Risiken beim Bauen unbedingt einen eigenen (weiteren) Vertragspartner suchen, welcher Ihnen mit Rat und Tat beim Bau zur Verfügung steht.

# DIE BEAUFTRAGUNG EINES ARCHITEKTEN

Sie können den Bau durch einen Architekten betreuen lassen, was in aller Regel eine relativ sichere Möglichkeit ist, größere Ausführungsfehler zu verhindern. Wenn Sie den Architekten umfassend beauftragen, wird dieser eine Planung erstellen, die zur Ausführung erforderlichen Leistungen ausschreiben, die Ausführung überwachen und sogar noch nach Beendigung der Arbeiten innerhalb der Gewährleistungsphase (siehe Seite 105) den Bau auf Mängel hin überprüfen. Freilich ist eine solche umfassende Architektenbeauftragung nicht preiswert,

Sie müssen als Bauherr abwägen, ob Sie das Geld in eine relativ sichere Bauausführung investieren möchten. Auch mit dem Architekten schließen Sie einen Werkvertrag. Die Honorarordnung für Architekten und Ingenieure (HOAI) unterscheidet neun Leistungsphasen:

**02**

1. Grundlagenermittlung,
2. Vorplanung,
3. Entwurfsplanung,
4. Genehmigungsplanung,
5. Ausführungsplanung,
6. Vorbereitung der Vergabe,
7. Mitwirkung bei der Vergabe,
8. Objektüberwachung,
9. Objektbetreuung und Dokumentation.

Beauftragen Sie den Architekten umfassend, liegt eine Vollarchitektur vor. Wahlweise können Sie den Architekten jedoch auch mit einzelnen Leistungsphasen beauftragen.

# DAS BAUBETREUERMODELL

Es besteht auch die Möglichkeit der Beauftragung eines Baubetreuers. Wenn Sie einen Baubetreuungsvertrag geschlossen haben, ist der Baubetreuer zur technischen und wirtschaftlichen Betreuung des Bauherrn verpflichtet. Der Baubetreuer kann dann die ausführenden Handwerker beauftragen, Vertragspartner wird der Bauherr, nicht der Baubetreuer.

**Tipp**

Ziehen Sie unbedingt Erkundigungen über den Baubetreuer ein. Baubetreuer mit mangelndem Fachwissen oder Erfahrung können schnell zum Problem werden.

Interessant ist die Beauftragung eines Baubetreuers, wenn Sie als Bauherr möglicherweise selbst handwerklich geschickt sind und am Bau viel selbst erledigen möchten. Der Baubetreuer ist nicht so teuer wie ein Architekt und hat in der Regel auch mehr Zeit, um an Ort und Stelle nach dem Rechten zu schauen. Die Aufgabe eines Baubetreuers erfordert es, regelmäßig vor

Ort anwesend zu sein. Der Baubetreuer wird auch die Unternehmer aussuchen und beauftragen, welche die Leistungen ausführen, die Sie als Bauherr nicht selbst erbringen können. Auch hier kann mit einem guten Baubetreuer Geld gespart werden, da im Gegensatz zum Generalunternehmermodell die nachfolgenden Unternehmer selbst vom Bauherrn (vertreten durch den Baubetreuer) beauftragt werden. Die Gewinne, welche ein Generalunternehmer kalkuliert, entfallen dadurch.

## DAS BAUTRÄGERMODELL

Das Bauträgermodell stellt einen Sonderfall dar. Der Bauträger führt in eigenem Namen und auf eigene Rechnung auf eigenem Grund und Boden ein Bauvorhaben durch. Er gibt die Architektenleistungen in Auftrag und sorgt für die Bauausführung. Die Bauarbeiten finden daher nicht auf Ihrem Grundstück statt! Der Bauträger muss Ihnen aufgrund des Bauträgervertrags das Eigentum am Grundstück jedoch verschaffen. Das Eigentum bleibt allerdings bis zur vollständigen Bezahlung des Kaufpreises beim Bauträger. Erst wenn der gesamte Kaufpreis gezahlt wurde, werden Sie auch tatsächlich Eigentümer des Grundstücks! Dies führt dazu, dass vertragliche Beziehungen zu den ausführenden Handwerkern lediglich zwischen Bauträger und Handwerkern, nicht zwischen Ihnen als Erwerber und den Handwerkern bestehen.

**Beispiel**

Bauherr B. hat einen Bauträgervertrag mit H. geschlossen. Ihm ist daran gelegen, die Ausführung der Arbeiten persönlich zu überwachen und er findet sich alle zwei Tage an der Baustelle ein. Als Bauingenieur fallen ihm sofort Ausführungsfehler bei den Rohbauarbeiten auf. Er will einen direkten Baustopp veranlassen. Die Handwerker erklären ihm, hierzu sei er nicht befugt. Stimmt!

B. muss sich zwingend an den Bauträger wenden. Nur dieser (oder ein gegebenenfalls mit der Bauleitung beauftragter Architekt) ist gegenüber den Handwerkern weisungsbefugt, nicht der Erwerber. Dieser hat selbstverständlich ein schutzwürdiges Interesse an einer korrekten Ausführung der Bauarbeiten, muss dies aber gegenüber seinem Vertragspartner, dem Bauträger, durchsetzen. Dies stellt einen Nachteil beim Bauträgermodell dar.

**02**

Wie bereits gesagt, muss Ihnen der Bauträger Eigentum am Grundstück verschaffen, wenn der Kaufpreis bezahlt wurde. Sie müssen sich also fragen, wie Sie Ihre Abschlagszahlungen schon vor Eigentumsübergang absichern können. Schließlich möchten Sie für Ihre (Teil-) Zahlung zumindest abgesichert werden, wenn Sie das Eigentum erst mit der vollständigen Zahlung erwerben. Eine solche Sicherheit erlangen Sie durch Eintragung einer Auflassungsvormerkung im Grundbuch zu Ihren Gunsten. Was bedeutet das? Bei einem Bauträgervertrag ist die Makler- und Bauträgerverordnung (MaBV) einschlägig. Diese bewirkt den Schutz des Erwerbers. Der Bauträger soll nicht Abschlagszahlungen erhalten, ohne den Erwerber auch abzusichern. Dieser muss also grundsätzlich, und zwar bevor er Abschlagszahlungen erhält, eine Auflassungsvormerkung schriftlich im Grundbuch eintragen. Diese Auflassungsvormerkung bewirkt, dass kein Dritter an Ihrer Stelle Eigentümer werden kann.

**Tipp**

Lassen Sie sich vom Bauträger vor Abschluss des Vertrags Referenzobjekte zeigen, die er errichtet hat. Bringen Sie in Erfahrung, ob es Probleme gab. Lassen Sie den Vertrag mit dem Bauträger unbedingt prüfen, oftmals erfolgen Abweichungen von den Regeln der MaBV. Die Notare nehmen bei der Beurkundung keine Prüfungsaufgaben war. Eine Vielzahl von Bauträgerverträgen verstößt gegen geltendes Recht!

# DAS BAUHERRENMODELL

**Tipp**

Es existieren steuerliche Vergünstigungen für dieses Modell, informieren Sie sich beim Steuerberater!

Beim Bauherrenmodell schließen sich mehrere Bauherren in Form einer Gesellschaft bürgerlichen Rechts (GbR) zusammen. Zunächst wird ein Grundstück gemeinschaftlich erworben. Sodann wird das Bauvorhaben in Auftrag gegeben, nach dessen Fertigstellung wird das Objekt in Wohnungseigentum geteilt. Danach wird die Gesellschaft wieder beendet.

Die Bauherren treten als GbR nach außen auf. Gibt es Probleme, haften die Bauherren allerdings nicht als Gesamtschuldner (siehe Seite 130), sondern jeder Bauherr nur entsprechend der Höhe seines Anteils. Dies verschafft den Bauherren eine gewisse Sicherheit.

Bei Bauherrenmodellen handelt es sich oft um sogernannte Innengesellschaften, die Gesellschaft tritt also gar nicht nach außen hin auf. Der Handwerker schließt häufig einen Vertrag mit einem Vertreter der Bauherren, oft einem Baubetreuer oder einem der Bauherren. Fraglich ist dann, wer eigentlich Vertragspartner ist. Die Bauherrengemeinschaft als solche jedenfalls regelmäßig nicht. Wenn Sie Teil der Bauherrengemeinschaft sind, sollten Sie bedenken, dass das Handeln eines solchen Vertreters für Sie als Bauherr rechtsgeschäftlich bindend ist. Schließt also der Baubetreuer für die Bauherrengemeinschaft einen Vertrag, dann ist dieser Vertrag für die einzelnen Bauherren rechtlich verbindlich. Vertragspartner werden die einzelnen Bauherren. Dies kann dazu führen, dass der Baubetreuer – ohne dass Sie es verhindern können – für Sie nachteilige Verträge schließt, welche Sie individuell als Teil der Bauherrengemeinschaft verpflichten. Auch für den Handwerker ist die Situation oft verworren. Hat er den Werkvertrag mit den Baubetreuer abgeschlossen, zahlt nicht dieser die Vergütung, sondern die einzelnen Bauherren. Gegebenenfalls steht dem Handwerker später ein Auskunftsanspruch zu, welche Bauherren vertreten wurden und damit Vertragspartner geworden sind.

# DER BGB-WERKVERTRAG

**03**

**B**esonderes Augenmerk sollten Sie auf den Bauvertrag legen! Die größten Probleme entstehen immer dann, wenn der Vertrag zwischen Bauherr und Handwerker wenig hergibt oder einseitig die Interessen des Handwerkers berücksichtigt. In diesem Kapitel erhalten Sie als Bauherr das unentbehrliche Grundlagenwissen, ohne dass Sie sich jedoch mit zu vielen Details verzetteln. Es werden die typischen Gefahrenquellen aufgezeigt und die Möglichkeiten, diesen vorzubeugen. Außerdem erhalten Sie eine Übersicht über diejenigen Rechte, die Sie durch den geschlossenen Werkvertrag erhalten, beispielsweise Rücktritt, Minderung und Vorschussanspruch.

Beim BGB-Vertrag handelt es sich um den „Standardfall" des Bauvertrags. Anders ausgedrückt: Wenn nichts Gegenteiliges vereinbart wurde, haben Sie automatisch einen BGB-Werkvertrag vereinbart. Damit ist nicht gemeint, dass Sie einen unfertigen Vertrag geschlossen haben, der noch zwingend ergänzt werden muss. Der BGB-Werkvertrag ist ein vollwertiger Vertrag, welcher auf den Vorschriften des BGB beruht.

## DER ABSCHLUSS DES BAUVERTRAGS

Wenn Sie ein Bauvorhaben realisieren wollen, müssen Sie einen Bauvertrag mit dem Handwerker schließen. Dieser Vertrag ist das zentrale Gestaltungselement im Baurecht. Es spielt keine Rolle, ob Sie beispielsweise die Neuerrichtung eines Wohnhauses in Auftrag geben oder sich die Beauftragung auf einzelne Teilbereiche beschränkt. Unter dem Bauvertrag ist ein Vertrag zwischen dem Besteller und dem ausführenden Unternehmer über die Errichtung einer baulichen Anlage zu verstehen. Juristisch bezeichnet man einen solchen Vertrag als Werkvertrag. Die Besonderheit liegt darin, dass sich der Unternehmer zur Herstellung eines bestimmten Werks verpflichtet, der Handwerker schuldet also immer den tatsächlich eingetretenen Erfolg. Das Gegenstück zum Werkvertrag ist der Dienstvertrag, bei welchem eine Tätigkeit geschuldet wird, nicht aber ein Erfolg. Typische Dienstverträge sind Behandlungsverträge mit Ärzten oder auch Unterrichtsverträge. Bei diesen Vertragstypen steht die Tätigkeit des Vertragspartners im Vordergrund, nicht die Schaffung eines bestimmten Ergebnisses.

**Beispiel**

A. beauftragt ein Dachdeckerunternehmen mit der Fertigung und Errichtung eines Gartenhauses auf seinem Grundstück. Hierfür wird eine Pauschale von 4.000,00 Euro vereinbart. Weitere Einzelheiten werden vertraglich nicht geregelt.

**03**

Hier besteht der Erfolg im Fertigen und Errichten des Gartenhauses. Bevor das Gartenhaus nicht fertiggestellt ist, kann der Handwerker den vertraglich geschuldeten Erfolg nicht erbracht haben. Hat der Handwerker seine Arbeiten am Gartenhaus bereits begonnen und wird das unfertig errichtete Gartenhaus beispielsweise durch einen Sturm wieder abgetragen, muss er das Gartenhaus erneut errichten. Vorher ist sein Werk nicht beendet, der Vergütungsanspruch ist nicht entstanden.

Der beschriebene Grundsatz der Erfolgshaftung ist im Baurecht von zentraler Bedeutung. Ein Großteil der baurechtlichen Streitigkeiten rührt nämlich daher, dass sich die Beteiligten über den vom Handwerker geschuldeten Erfolg streiten. So liegt es auch im Beispielfall. Es fehlt jegliche Konkretisierung der geschuldeten Leistung. Weder Größe des Gartenhauses, noch zu verarbeitendes Material oder die Farbe eines etwaigen Anstrichs oder anderes wurden zwischen den Vertragspartnern vereinbart. In einem Rechtsstreit wäre mühsam zu klären, worin der vom Auftragnehmer geschuldete Erfolg liegt.

**Weichen stellen mit dem Bauvertrag**

An dieser Stelle wird die Bedeutung des Bauvertrags ersichtlich. In dem Bauvertrag lassen sich nämlich die Weichen für das gesamte Bauvorhaben stellen. Der Vertrag hat die Aufgabe, den vom Handwerker geschuldeten Erfolg zu präzisieren.

Wie schließen Sie einen Bauvertrag ab? Ganz einfach: durch Angebot und Annahme. Der Bauherr muss zunächst zum Ausdruck bringen, welche Leistung erbracht werden soll.

Er muss die Leistung, die er beauftragen möchte, beschreiben. Sodann wird der Handwerker ein Angebot unterbreiten. Nimmt der Bauherr dieses an, ist der Bauvertrag zustandegekommen. Wird das Angebot vom Bauherrn geändert, liegt darin die Ablehnung des ursprünglichen Angebots, verbunden mit der Unterbreitung eines neuen Angebots. Der Bauvertrag muss nicht zwingend schriftlich abgeschlossen werden, aus Gründen der Rechtssicherheit ist Ihnen als Bauherr jedoch dringend zu raten, Vereinbarungen mit dem Handwerker stets in Schriftform festzuhalten. Schweigen im Rechtsverkehr gilt nicht als Willenserklärung, unter bestimmten Voraussetzungen kann dies bei Kaufleuten, die in ständiger Geschäftsbeziehung stehen, anders sein, nicht aber gegenüber einem privaten Bauherrn.

**Beispiel**

Sie haben als Bauherr mit dem Handwerker bereits telefonisch Kontakt aufgenommen. Die Örtlichkeit wurde besichtigt. Ein Bauvertrag wurde jedoch noch nicht geschlossen. Handwerker H. übersendet Ihnen nun ein Angebot per Post, in welchem ein Hinweis enthalten ist, dass, sollte sich der Bauherr nicht innerhalb von zwei Wochen zurückmelden, automatisch ein Vertrag geschlossen ist. Wirksamer Vertragsschluss? Nein. Auf diese Weise wird H. den Bauvertrag nicht herbeiführen können. Ein Bauvertrag wird nicht abgeschlossen, wenn sich B. nicht rückmeldet. Aus Gründen der Klarstellung empfiehlt sich jedoch ein kurzes Schreiben des Bauherrn.

# DIE LEISTUNGSBESCHREIBUNG

Die zu erbringende Bauleistung muss vom Bauherrn beschrieben werden. Man spricht dabei von der Bestimmung des „Bausolls". Sie können natürlich mündlich dem Handwerker erläutern, was er für Sie tun soll und die Unterbreitung des Angebots abwarten. Dies ist bei kleineren Beauftragungen üblich, ab einem gewissen Umfang der Arbeiten jedoch nicht empfehlenswert. Je präziser die Arbeiten beschrieben werden, desto besser können Sie zu einem späteren Zeitpunkt etwaige

Ansprüche gegen den Handwerker durchsetzen. Erstaunlich ist, dass Bauverträge in der Praxis zu knapp gestaltet werden. Verträge mit weit weniger Bedeutung, wie etwa Mobilfunkverträge etc., enthalten häufig eine Vielzahl von vertraglichen Regelungen, Bauverträge jedoch oft nicht. Dies liegt meist an der Unerfahrenheit der Bauherren, welche im guten Glauben auf die Verlässlichkeit des Vertragspartners die überreichten Verträge nicht ausreichend rechtlich prüfen lassen.

**03**

Die Beschreibung der vereinbarten Leistung erfolgt in der sogenannten Leistungsbeschreibung. Hierbei muss eine wichtige Entscheidung getroffen werden. Die Leistung kann nach Einzelgewerk so detailliert wie irgend möglich beschrieben werden.

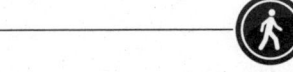

**Beispiel**

A. möchte in seinem Wohnhaus eine Heizungsanlage einbauen lassen. Nachdem er sich beraten ließ, beschreibt er detailliert die zu erbringende Leistung, nämlich sämtliche Heizkörper, Leitungen, Verbindungsstücke, Brenner etc.

Es ist aber auch möglich, die zu erbringende Leistung lediglich funktional zu beschreiben. Dabei wird die Leistung im Hinblick auf das abzuliefernde Ergebnis beschrieben. Hiervon wird in der Praxis oft Gebrauch gemacht.

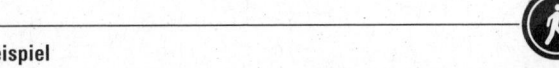

**Beispiel**

A. beschreibt die Herstellung „einer funktionsfähigen Heizungsanlage", wobei er noch mitteilt, wie die Heizung betrieben werden soll (Öl).

Beide Möglichkeiten der Leistungsbeschreibung haben Vor- und Nachteile. Bei der Leistungsbeschreibung mit einem detaillierten Leistungsverzeichnis stellt sich die Frage, wie zu verfahren ist, wenn bestimmte notwendige Teile in der Planung vergessen wurden oder Mengen falsch kalkuliert wurden. Wurden bei der detaillierten Leistungsbeschreibung der Heizungsanlage beispielsweise Verbindungsstücke im Rohrsystem nicht berücksichtigt, wird der Handwerker, wenn er tatsächlich mehr einbauen muss, möglicherweise auch eine Mehrvergütung fordern.

Bei der funktionalen Leistungsbeschreibung besteht dieses Risiko einer Auseinandersetzung nicht, da lediglich beschrieben wird, wie das Werk zu funktionieren hat. Diesen Erfolg muss der ausführende Unternehmer herbeiführen, er plant allein die Details und kalkuliert auf eigene Verantwortung, Mehrkosten gehen zu seinen Lasten. Eine funktionale Leistungsbeschreibung empfiehlt sich in Fällen, wenn Sie als Bauherr den Umfang der zu erbringenden Arbeiten nicht abschätzen können und das Kalkulationsrisiko stärker auf den Unternehmer verlagern möchten. Sie müssen dann jedoch in manchen Fällen Einbußen in der Leistung hinnehmen. Denn da der Handwerker plant und kalkuliert, kann er die Einzelheiten festlegen – und diese entsprechen nicht immer Ihren Vorstellungen als Bauherr. Eine detaillierte Leistungsbeschreibung ist also dann sinnvoll, wenn eine bestimmte Art und Weise der Ausführung inklusive bestimmter Materialien von Ihnen als Bauherrn gerade gewünscht wird.

Auf die Leistungsbeschreibung wird das Angebot erfolgen.

## DER EINHEITSPREISVERTRAG

Wenn der Handwerker seine Leistung detailliert beschreibt, wird er ein Angebot zu einem Einheitspreisvertrag unterbreiten.

| Position | Menge | Bezeichnung | Einheitspreis € | Positionspreis € |
|----------|-------|-------------|-----------------|------------------|
| 1 | 10 | Heizkörper | 120,00 | 1.200,00 |
| 2 | 3 | Zuleitungen 45 cm | 6,10 | 18,30 |
| 3 | 7 | Verbindungs- stücke 10 cm | 0,80 | 5,60 |
| | | Gesamtpreis | | 1.223,90 € |
| | | Zzgl. 19% MwSt. | | 232,54 € |
| | | Endsumme | | **1.456,44 €** |

**03**

Charakteristisch für diesen Vertrag ist, dass sich der Positionspreis aus einer Verknüpfung von erforderlicher Menge und Einheitspreis ergibt. Da im Beispiel 10 Heizkörper erforderlich sind und der Einheitspreis 120,00 Euro beträgt, entsteht ein Positionspreis von 1.200,00 Euro. Beim Einheitspreisvertrag wird immer nach tatsächlicher Menge abgerechnet. Diese kann sich im Verlauf der Baumaßnahme verändern. Der Einheitspreisvertrag basiert also im Angebot zunächst auf einer Mengenschätzung. In der Schlussrechnung erfolgt dann die tatsächliche Abrechnung, wobei Mengenabweichungen von der ursprünglich kalkulierten Menge völlig normal sind. Verändert sich die Menge, wirkt sich dies auf die einzelnen Positionspreise aus, und damit letztlich auf den Gesamtpreis.

Zu oben aufgeführtem Beispiel könnte demnach die Schlussrechnung, wenn mehr Material benötigt wurde, so aussehen:

| Position | Menge | Bezeichnung | Einheitspreis € | Positionspreis € |
|----------|-------|-------------|-----------------|------------------|
| 1 | 12 | Heizkörper | 120,00 | 1.440,00 |
| 2 | 15 | Zuleitungen 45 cm | 6,10 | 91,50 |
| 3 | 40 | Verbindungs- stücke 10 cm | 0,80 | 32,00 |
| | | Gesamtpreis | | 1.563,50 € |
| | | Zzgl. 19% MwSt. | | 297,07 € |
| | | Endsumme | | **1.860,67 €** |

**Tipp**

Der Handwerker muss diejenigen Mengen, die er seiner Berechnung zugrunde gelegt hat, auch tatsächlich ausgemessen haben. Scheuen Sie sich nicht, im Bauvertrag zu vereinbaren, dass das Aufmaß gemeinsam genommen wird. So ersparen Sie sich spätere Diskussionen um die Mengen.

**Vorsicht**

Leistungsverzeichnisse können leicht 200 und mehr Seiten haben. Der Handwerker spekuliert in einem solchen Fall geradezu auf die Erhöhung der Menge bei einzelnen Positionen. Aus diesem Grund sollte nicht nur der Gesamtpreis kritisch gewürdigt werden, sondern auch der vom Handwerker angebotene Einheitspreis und der jeweilige Positionspreis.

Damit wird deutlich, dass der Abschluss eines Einheitspreisvertrags Risiken birgt. Hat sich der Bauherr (oder sein Architekt) bezüglich der Menge verkalkuliert, ändert sich der Positionspreis. Die Höhe des Einheitspreises bleibt aber grundsätzlich gleich. Achten Sie bei einem Einheitspreisvertrag darauf, dass die Mengen so präzise wie möglich vor Abschluss des Bauvertrags ermittelt werden. In der Regel kalkuliert die Mengen ein Ingenieur oder Architekt, der im Lager des Bauherrn steht. Möglich sind aber auch Fälle, in denen der Handwerker die Mengen schätzt, zum Beispiel in einem Kostenvoranschlag. Prüfen Sie die vom Handwerker ermittelten Mengen so weit wie möglich nach! Denken Sie als Bauherr immer daran, dass sich die Mengen ändern können, und, wenn sich diese erhöhen, Sie auch Mehrkosten haben werden. Beim Einheitspreisvertrag wird immer nach tatsächlichem Aufwand (ermittelt durch Aufmaß) abgerechnet. Je präziser die Mengen im Vorfeld ermittelt wurden, umso geringer ist die Gefahr von späteren erheblichen Abweichungen, welche teuer werden können.

Die vom Handwerker kalkulierten Einheitspreise beinhalten die Materialkosten und auch die Kosten für den Arbeitslohn des Handwerkers. Immer wieder kommt es vor, dass Handwerker außer den Einheitspreisen auch noch separate Kosten für Arbeitslohn geltend machen. Dies ist beim Einheitspreisvertrag grundsätzlich nicht möglich, es sei denn es wurde ausdrücklich zwischen den Beteiligten eine separate Stundenlohnabrede getroffen (siehe Seite 49).

Der findige Handwerker wird möglicherweise auch Schwachstellen in der Mengenkalkulation entdecken, und versuchen,

**03**

sich dies zum Vorteil zu machen. Erkennt der Handwerker zum Beispiel bei einer Einzelposition, dass vom Bauherrn zu wenig Mengen kalkuliert wurden, wird er den Einheitspreis an dieser Stelle im Angebot besonders hoch ansetzen. Damit dies im Gesamtpreis nicht auffällt, wird er bei anderen Positionen den Einheitspreis senken müssen. Wenn dann viele Mengen anfallen und der Einheitspreis üppig ist, erlebt manch ein Bauherr eine Überraschung unangenehmer Art, und zwar bei der Schlussrechnungserstellung.

## DER PAUSCHALPREISVERTRAG

Wie der Name schon sagt, wird der Handwerker beim Pauschalpreisvertrag für die Schaffung eines bestimmten Erfolges pauschal vergütet. Dabei kommt es nicht auf die Einzelheiten an. Insbesondere die Kalkulation von Materialkosten und Mengen übernimmt der Handwerker. Werden Mehrmengen erforderlich, beispielsweise weil er sich in der Kalkulation geirrt hat, geht dies ausschließlich zu seinen Lasten. Im oben genannten Beispiel wäre es also bezüglich der Frage der Vergütung völlig egal, wenn der Handwerker mehr Verbindungsstücke einbauen müsste, er bekommt so oder so nur seinen pauschalen Werklohn. Pauschalpreisverträge nehmen Ihnen als Bauherr damit das Risiko der Kalkulation der zu verwendenden Materialien ab. Pauschalverträge haben meistens kein Leistungsverzeichnis.

**Tipp**
Wie verhalten Sie sich, wenn Sie eine Vereinbarung mit dem Handwerker bezüglich Einheitspreisvertrag oder Pauschalpreisvertrag bei Vertragsschluss versäumt haben? Sie weisen ihn auf § 2 Absatz 2 VOB/B hin, welcher auch im BGB-Werkvertrag gilt. In solchen Fällen muss nach Einheitspreisen abgerechnet werden.

## DER DETAILPAUSCHALPREISVERTRAG

Bei diesem immer beliebter werdenden Vertragstyp wird auf Basis eines Leistungsverzeichnisses eine pauschale Vergütung vereinbart. Bezogen auf die oben aufgeführten Beispiele kann ein solcher Vertrag etwa wie folgt aussehen:

| Position | Menge | Bezeichnung | Einheitspreis € | Positionspreis € |
|---|---|---|---|---|
| 1 | 10 | Heizkörper | – | – |
| 2 | 3 | Zuleitungen 45 cm | – | – |
| 3 | 7 | Verbindungs- stücke 10 cm | – | – |
| | | Pauschalpreis | | 1.200,00 € |
| | | Zzgl. 19% MwSt. | | 228,00 € |
| | | Endsumme | | **1.428,00 €** |

Mengenänderungen bleiben auch bei diesem Vertrag unberücksichtigt, da die Einzelpositionen pauschal vergütet werden. Wenn also beispielsweise anstatt 3 Zuleitungen nunmehr 15 Zuleitungen ausgeführt werden müssen, bleibt es beim vereinbarten Pauschalpreis. Das ist der Vorteil dieses Vertragstyps gegenüber dem Einheitspreisvertrag für den Bauherrn, nämlich ein besserer Schutz vor Mengenänderungen, dieses Kalkulationsrisiko trägt der Handwerker. Gleichzeitig kann der Bauherr aber die zu erbringende Leistung im Detail regeln, was vorteilhaft gegenüber dem reinen Pauschalpreisvertrag ist.

Manche Detailpauschalverträge unterscheiden sich optisch nicht vom Einheitspreisvertrag. Das bedeutet, dass auch Einheitspreise und Einzelpositionspreise ausgewiesen werden. Im „Kleingedruckten" jedoch finden Sie den Hinweis auf den Detailpauschalpreisvertrag. Studieren Sie genau den Inhalt des Ihnen vorgelegten Vertrags und ziehen Sie bei größeren Bauvorhaben sicherheitshalber einen Fachanwalt für Bau- und Architektenrecht zu Rate. Die Unterschiede der Vertragstypen sind erheblich.

## DIE STUNDENLOHNABREDE

Berechnet Ihnen der Handwerker seine Leistungen nach Stunden, sollten Sie genau hinschauen, ob tatsächlich ein

**03**

Vergütungsanspruch besteht. Dies hängt maßgeblich vom geschlossenen Vertrag ab. Beim Einheitspreisvertrag können ohne separate Vereinbarung keine Stundenlohnarbeiten abgerechnet werden, da in die Kalkulation des Einheitspreises zum einen der Materialpreis einfließt, zum anderen aber auch Lohnkosten bedacht werden müssen. Häufig wird jedoch bei Einheitspreisverträgen für noch nicht vorgesehene Leistungen eine Vergütung nach Stundensätzen vereinbart. Auch im Pauschalpreisvertrag und im Detailpauschalpreisvertrag können grundsätzlich keine separaten Stundenlohnarbeiten abgerechnet werden, da der Bauherr darauf vertrauen kann, dass die vereinbarte Leistung tatsächlich zum vereinbarten Pauschalpreis ausgeführt werden soll. Auch hier kann jedoch außer der Pauschalvereinbarung eine spezielle Vereinbarung zwischen Bauherrn und ausführendem Unternehmer getroffen werden, dass Mehrleistungen, zum Beispiel von anderen Gewerken, separat nach Stunden abgerechnet werden.

Eine Ausnahme gibt es bei der Beauftragung von kleineren Leistungen, beispielsweise kleine Reparaturarbeiten, Reinigungsarbeiten etc. In diesen Fällen ist auch ohne separate Vereinbarung eine Abrechnung nach Stundensätzen möglich, da bei solchen alltäglichen Verrichtungen die Abrechnung nach Stundenlöhnen als übliche Vergütung anzusehen ist.

Können Stundenlohnarbeiten abgerechnet werden, dann stellt sich die Frage, wie der Handwerker seine Abrechnung gestalten muss. Wurde keine spezielle Vereinbarung getroffen, wie abzurechnen ist, dann genügt es, wenn der Werkunternehmer die Anzahl der Stunden aufschreibt und sodann mit dem vereinbarten Stundenlohn multipliziert.

**Tipp**

Wenn Ihr Bauvertrag eine Regelung zu Stundenlohnarbeiten enthält, empfiehlt es sich zu ergänzen, dass der Handwerker Stundenlohnzettel vorzulegen hat. Auf diesen Stundenlohnzetteln muss dann genau vermerkt sein, welcher Handwerker zu welcher Zeit welche Leistungen ausgeführt hat. Dies erleichtert die Kontrolle der Handwerker, ob die abgerechneten Leistungen auch tatsächlich erbracht wurden.

Bei einem Stundenlohnvertrag ist der Zeitaufwand für die An- und Abfahrt zur Baustelle regelmäßig nicht zu berücksichtigen, weil diese Kosten Gegenstand der Preiskalkulation des Handwerkers sind. Auch Fahrtkosten für die Beschaffung von Baumaterialien sind dem Handwerker üblicherweise nicht zu erstatten. Anders wäre es, wenn die separate Vergütung der An- und Abfahrtskosten oder der Fahrtkosten für die Beschaffung von Baumaterialien vertraglich vereinbart wurde. Lesen Sie das Kleingedruckte im Vertrag und klären Sie die Frage der Fahrtkosten vor der Beauftragung!

## DER SCHLÜSSELFERTIGE BAU

Oftmals wird der Generalunternehmer einen sogenannten schlüsselfertigen Bau anbieten. Dabei wird nicht nur der Preis für das zu errichtende Bauwerk pauschaliert, sondern auch der Umfang der zu erbringenden Leistung. Der Begriff der „Schlüsselfertigkeit" ist gesetzlich nicht klar definiert. Sie können als Bauherr verlangen, dass alle Bauleistungen, welche mit der Errichtung des Bauwerks verbunden sind und zu einer vertragsgemäßen Nutzung erforderlich sind, vom beauftragten Unternehmen erledigt werden. Welche sind das aber?

Es besteht Einigkeit darüber, dass die Aushub- die Rohbau- und die Dacharbeiten eingeschlossen und fertigzustellen sind. Ebenso gehört die Erschließung des Gebäudes mit Wasser/Abwasser und Strom dazu. Auch sind Fenster und Türen einzubauen. Darüber hinaus gibt es jedoch oft Streit über den konkreten Leistungsumfang, weil präzise Festlegungen durch den Gesetzgeber fehlen. Der Bauherr wird argumentieren, er habe den Begriff der Schlüsselfertigkeit so interpretiert, dass er einfach einziehen könne. Manch ein Handwerker wird argumentieren, Schlüsselfertigkeit bedeute, dass nur noch Malerarbeiten durch den Bauherrn auszuführen sind. Ein anderer Anbieter wiederum wird meinen, zur Schlüsselfertigkeit reiche es aus, das Anwesen von außen fertigzustellen und mit

Fenstern und Türen zu versehen. Der gesamte Innenausbau sei dann noch durch den Bauherrn zu erledigen.

___

**Beispiel**

Der Bauunternehmer H. bietet dem Bauherrn B. die schlüsselfertige Errichtung von dessen Wohnhaus an. Eine Leistungsbeschreibung ist beigefügt, Malerarbeiten werden nicht genannt. H. und B. vereinbaren einen Festpreis in Höhe von 350.000 Euro. Nach Beendigung der Arbeiten stellt B. fest, dass die Malerarbeiten nicht erledigt wurden, außerdem die Wände noch verspachtelt und geputzt werden müssen. Er fordert H. zur Erledigung auf. H. wendet ein, hierzu vertraglich nicht verpflichtet zu sein. Zu Recht?

B. wird sich mit H. darum streiten müssen, ob die Maler und Verputzerarbeiten im Innenbereich vom Begriff des schlüsselfertigen Bauens umfasst sind. Dies kann das Gericht so sehen, muss es aber nicht. B. wird man zwar zugutehalten können, dass Laien unter dem schlüsselfertigen Bauen verstehen könnten, einfach den Haustürschlüssel herumzudrehen und dann problemlos einzuziehen. Doch die Bauwirklichkeit sieht anders aus. Entscheidend wird sein, wie der Bauvertrag im Einzelnen gestaltet war. Zur Bestimmung der von H. geschuldeten Leistung wird nämlich nicht nur der Begriff der Schlüsselfertigkeit gehören, sondern die gesamte Vertragsgestaltung. In einem Negativkatalog könnten im Vertrag durchaus Arbeiten geregelt sein, welche nicht von der Schlüsselfertigkeit umfasst sein sollten. Sind in diesem Negativkatalog die Malerarbeiten nicht enthalten, spricht dies eher dafür, dass sie zur Schlüsselfertigkeit gehören sollten, andernfalls wären sie ja aufgeführt worden.

___

Um solche Auseinandersetzungen zu vermeiden, sollte auch bei einem schlüsselfertigen Bau genau überlegt werden, welche Leistungen aus Ihrer Sicht als Bauherr enthalten sein sollten. Nehmen Sie sich hierfür Zeit! Prüfen Sie gedanklich alle Räume im Neubau, mitsamt Decken, Fußböden, Wänden, Fenstern und Türen, und fragen Sie gegenüber dem Anbieter detailliert nach, welche Leistungen sein schlüsselfertiges Angebot umfasst. Denken Sie auch darüber nach, welche technische und sanitäre Ausstattung Sie erwarten! Prüfen Sie genau, welche Leistungen in der Baubeschreibung aufgeführt sind.

Sicher gibt es gute Gründe für das schlüsselfertige Bauen. Ihnen muss als Bauherr jedoch klar sein, dass dabei der Baupreis und auch der zu erbringende Leistungsumfang pauschaliert werden. Das bedeutet, es wird von vornherein nicht geregelt, welche Qualität Sie als Bauherr bei bestimmten Leistungen erwarten können. Kommt es Ihnen nur bei bestimmten Detailfragen (zum Beispiel im Badezimmer) auf eine bestimmte Qualitätsstufe an, kann (und muss) dies im Bauvertrag ergänzend geregelt werden. Generell gilt: Je mehr Sie im Bauvorhaben exakt nach Ihren Wünschen definieren möchten, umso weniger eignet sich eine Pauschalierung des Leistungsumfangs nach dem schlüsselfertigen Bauen.

# HINWEISE ZU ALLGEMEINEN GESCHÄFTSBEDINGUNGEN

**Tipp**

Lassen Sie allgemeine Geschäftsbedingungen in Ihrem Vertrag durch einen Juristen überprüfen. Eine Vielzahl dieser Bestimmungen ist unwirksam.

Wenn Ihnen der Handwerker den Werkvertrag vorlegt, wird dieser in vielen Fällen, oft auf der Rückseite, verschiedene Bestimmungen enthalten. Sobald diese Bestimmungen für eine Vielzahl von Verträgen Verwendung finden, handelt es sich um allgemeine Geschäftsbedingungen.

**Beispiel**

Handwerker H. regelt auf Seite 6 seines Bauvertrags im Kleingedruckten, dass die Gewährleistungszeit (siehe Seite 105) drei Jahre gelten soll. Nach vier Jahren zeigen sich Mängel. Kann Bauherr B. die Mängel noch rügen? Ja.

Allgemeine Geschäftsbedingungen werden nach einem speziellen Verfahren geprüft. Eine Vielzahl von allgemeinen Geschäftsbedingungen ist unwirksam, da sie entweder intransparent sind oder den Vertragspartner unangemessen benachteiligen. So liegt es auch im Beispielfall: Die gesetzliche Gewährleistungsfrist darf nicht durch allgemeine Geschäftsbedingungen verkürzt werden.

Bei der Prüfung der Unwirksamkeit einer allgemeinen Geschäftsbedingung ist immer zunächst darauf abzustellen, auf
wessen Initiative die Bestimmung in den Vertrag aufgenommen wurde. Wer hat also die allgemeinen Geschäftsbedingungen verwendet? Hintergrund ist, dass sich der Verwender
selbst nicht auf die Unwirksamkeit der allgemeinen Geschäftsbedingungen berufen kann, da kein Grund dafür ersichtlich ist,
den Verwender vor seinen eigenen (unwirksamen) Klauseln zu
schützen. In der Regel ist in Bausachen der Bauunternehmer
auch der Verwender. Ist der Vertrag zwischen einem Unternehmer und einem Verbraucher geschlossen, vermutet § 310
Absatz 3 BGB, dass die allgemeinen Geschäftsbedingungen
vom Unternehmer gestellt wurden. Damit können Sie sich als
privater Bauherr auf deren Unwirksamkeit berufen.

Das Gegenstück zur allgemeinen Geschäftsbedingung ist die
Individualvereinbarung.

**Beispiel**

Handwerker H. und Bauherr B. vereinbaren ausdrücklich, dass die Gewährleistungszeit drei Jahre betragen soll. Eine solche Vereinbarung ist
grundsätzlich möglich.

Eine Individualvereinbarung muss als ausdrückliche Vereinbarung zwischen den Parteien erkennbar sein. Ein Kreuzchen bei
einer vorgegebenen Option reicht nicht aus. Es muss vielmehr
erkennbar sein, dass die Individualvereinbarung zwischen den
Parteien auch diskutiert und verhandelt wurde. Im Beispielfall
muss damit für eine wirksame Individualvereinbarung ein entsprechender Vertragstext hinsichtlich der Gewährleistungszeit
aufgesetzt werden. Individualvereinbarungen werden häufig
einem Vertrag als Anlage beigefügt. Dies erhöht die Wahrscheinlichkeit, dass bei einer juristischen Auseinandersetzung
auch tatsächlich von einer Individualvereinbarung, nicht von
einer allgemeinen Geschäftsbedingung ausgegangen wird.

# DIE VERTRAGSTYPISCHEN PFLICHTEN IM BAUVERTRAG

Die vertragstypischen Pflichten im Bauvertrag sind meist unbekannt bzw. werden unterschätzt. Der Handwerker beispielsweise schuldet als Hauptleistungspflicht die vertragsgemäße Erstellung des Werks. Das leuchtet natürlich ein. Daneben obliegen dem Handwerker aber auch weitere Pflichten, beispielsweise zur korrekten Beratung. Handwerker sind bereits vor dem eigentlichen Vertragsschluss, aber auch während der Ausführung und danach, dazu verpflichtet, Sie als Bauherrn korrekt zu beraten. Dazu gehört die Art und Weise der Ausführung, nämlich wie man beispielsweise das Haus am besten dämmen kann, ebenso wie die Preisgestaltung. Sämtliche sinnvolle Maßnahmen sind dem Bauherrn aufzuzeigen, nicht nur die für den Unternehmer gewinnträchtigste. Was auf den ersten Blick selbstverständlich erscheint, wird in der Praxis oft missachtet. Handwerker haben natürlich ein berechtigtes Interesse daran, gerade diejenige Leistung zu verkaufen, von welcher sie auch persönlich überzeugt sind. Oft bestehen mehrere Ausführungsmöglichkeiten mit teils erheblichen Preisabweichungen. Generell gilt: Je mehr sich die Bauherren als Laien auf den Rat einer Fachfirma verlassen, umso mehr Bedeutung erlangen die Beratungs- und Aufklärungspflichten.

---

**Beispiel**

Bauherr B. überlegt, seinen Dämmschutz am Haus zu erneuern. Wie das zu bewerkstelligen ist, weiß er jedoch nicht. Er findet ein geeignetes Unternehmen (U) im Branchenbuch. Im Beispielfall wird, weil B. als Laie nicht weiß, wie die Sanierung erfolgen soll, die Frage besonders bedeutend, ob B. zu den bestehenden Möglichkeiten richtig und vollständig beraten und aufgeklärt wurde.

---

Darüber hinaus trifft den Werkunternehmer eine Prüf- und Hinweispflicht (siehe Seite 91). Er muss also die Rahmenbedingungen, die für sein Gewerk gelten, in jeder Phase der Ausführung prüfen. Der Handwerker muss außerdem kooperieren. Berechtigte Ansinnen der Bauherrschaft muss er erfüllen. Die Kooperationspflicht trifft umgekehrt aber auch Sie als Bauherrn. Ihre Hauptpflicht aus dem Vertrag ist die Vergütung des Handwerkers. Sofern der Handwerker die Leistung mangelfrei erbracht hat, sind Sie zur Durchführung einer Abnahme verpflichtet. Außerdem sind Sie als Bauherr verpflichtet, dem Handwerker diejenigen für den Bau relevanten Informationen zu geben, welcher dieser aus eigenem Fachwissen nicht hat, beispielsweise genauere Kenntnisse über die Örtlichkeit.

**03**

# DIE ABNAHME DER WERKLEISTUNG

## WAS IST EINE ABNAHME UND WIE WIRD DIE ABNAHME DURCHGEFÜHRT?

Nach Beendigung der Arbeiten findet die Abnahme statt, welche in § 640 BGB geregelt ist. Es ist die Pflicht des Bauherrn, das Werk abzunehmen. Das bedeutet, die Beteiligten schauen die Bauleistungen an und sprechen darüber, ob Mängel vorhanden sind oder nicht. Der Bauherr muss erklären, dass er das Werk, so wie es erstellt wurde, akzeptiert. Falls nicht, muss er sagen, aus welchem Grund er mit der Ausführung nicht zufrieden ist. In der Praxis wird der Abnahme oft nicht die Bedeutung beigemessen, welche ihr zusteht, oftmals verzichten die Beteiligten ganz auf die Abnahme.

**Beispiel**

Innenausbauer A. war mit Isolierungsarbeiten beauftragt, darüber hinaus auch mit dem Verlegen der neuen Parkettfußböden. Nach Beendigung der Arbeiten erhält Bauherr B. eine Schlussrechnung. Diese zahlt B. auch anstandslos. Da er zeitlich stark beansprucht ist, wurde keine Abnahme durchgeführt. Zwei Wochen später weist ein befreundeter Architekt B. darauf hin, dass die ausgeführte Dämmung nicht den gesetzlichen Vorschriften entspricht. Was hat B. falsch gemacht?

B. hat den Werklohn bezahlt, ohne hierzu verpflichtet zu sein. Der Werklohn wird nämlich erst dann fällig, wenn die Leistungen abgenommen wurden. Hier liegt häufig auch das Versäumnis vieler Bauherren.

**Tipp**

Am besten ist es, wenn Sie eine förmliche Abnahme bereits im Bauvertrag vereinbaren.

Es ist durchaus sinnvoll, für die Abnahme einen Architekten oder Bauingenieur separat damit zu beauftragen, das Bauwerk auf etwaige Mängel hin zu untersuchen, insbesondere da technische Laien viele Mängel nicht auf den ersten Blick erkennen können. Sie können dann vor der Abnahme oder im Zuge der Abnahme gerügt werden. Falls erhebliche Mängel bestehen, wird der Vergütungsanspruch des Unternehmers bis zu einer erneuten Abnahme (der Nachbesserungsarbeiten) nicht fällig.

Von einer förmlichen Abnahme spricht man, wenn die Beteiligten sich auch wirklich vor Ort einfinden und das Werk gemeinsam in Augenschein nehmen, und zwar zum Zwecke der Abnahme. An einem festen Abnahmetermin erfolgt im Zuge dessen eine gemeinsame Überprüfung der Bauleistungen. Das Ergebnis hält man in einem Abnahmeprotokoll fest.

Kalkulieren Sie die Abnahme bereits bei der Planung Ihrer Baumaßnahme in die zu erwartenden Kosten ein und verhandeln Sie mit dem planenden bzw. überwachenden Architekten oder Bauingenieur. Möglicherweise lässt sich ein günstigerer Preis aushandeln. In vielen Fällen ist jedoch der Architekt sowieso zur Durchführung der Abnahme verpflichtet. Sprechen Sie das Thema offen an!

Können Sie die Abnahme verweigern? Nur dann, wenn wesentliche Mängel entdeckt worden sind. Wann vorhandene Mängel als erheblich einzustufen sind, ist eine Frage des Einzelfalls, freilich kommt es dabei zum Beispiel entscheidend auf die Mängelbeseitigungskosten oder die Frage an, wie der Mangel konkret den Gebrauch der mängelbehafteten Sache beeinträchtigt.

**03**

Fragen Sie sich: Welche Einschränkungen verursachen die Mängel, wenn Sie das Werk benutzen? Wie wirkt sich der von Ihnen gerügte Mangel aus? Welche Kosten fallen für die Mängelbehebung voraussichtlich an?

Ein zu strenger Maßstab wird bei der Frage, wann ein Mangel erheblich ist, nicht angelegt. Schließlich sind Sie als Bauherr Laie!

Die Abnahme muss erst dann von Ihnen durchgeführt werden, wenn das Werk vollständig und mängelfrei erbracht worden ist. Sie müssen also das Werk als im Wesentlichen vertragsgerecht erfüllt billigen. Ist ein wesentlicher Mangel gegeben, dann ist der Vertrag nun einmal nicht erfüllt. Scheuen Sie nicht davor zurück, die Abnahme zu verweigern, sondern bestehen Sie auf einer Behebung der Mängel! So lange müssen Sie die Schlussrechnung des Handwerkers nicht bezahlen.

Eine Abnahme kann auch durch bestimmungsgemäßen Gebrauch erfolgen, also wenn etwa das Haus über einige Wochen bewohnt wird, ohne dass es zu Beschwerden kommt.

**Beispiel**

Der Innenausbauer A. hat Isolierungsarbeiten durchgeführt, außerdem die neuen Parkettfußböden verlegt. Bauherr B. ist zufrieden und zieht in das renovierte Haus ein. Eine förmliche Abnahme findet nicht statt. Der Innenausbauer stellt seine Schlussrechnung, welche B. allerdings aufgrund eines Finanzengpasses nicht bezahlt. Drei Monate nach Einzug von B. in das Haus zeigen sich geringfügige Mängel. Werkunternehmer A. verlangt trotzdem seine Vergütung, sichert aber die Behebung der Mängel zu. B. beruft sich darauf, dass aufgrund der fehlenden Abnahme der Vergütungsanspruch noch nicht fällig sei. Zu Recht?

Nein: Der Bauherr hat im Beispielfall verkannt, dass eine Abnahme auch durch schlüssiges Verhalten erfolgen kann. Zieht nämlich der Bauherr in das Haus ein, in welchem die Bauarbeiten stattfanden, und rügt er keine Mängel, stellt dieses Verhalten eine schlüssige Abnahme dar. Damit wird der Vergütungsanspruch des Werkunternehmers fällig. Selbstverständlich kann man von einer solchen schlüssigen Abnahme nicht direkt am ersten Tag des Einzuges ausgehen, nach ca. vier bis sechs Wochen des Wohnens im Haus jedoch ist eine schlüssige Abnahme, wenn keine anderweitigen Umstände eintreten, zu bejahen.

Darüber hinaus gibt es auch noch eine fiktive Abnahme. Bei dieser Abnahmeform fordert der Unternehmer den Besteller gemäß § 640 Absatz 1 Satz 3 BGB zur Abnahme innerhalb einer bestimmten Frist auf. Erfolgt keine Abnahme, gilt das Werk als abgenommen, der Vergütungsanspruch des Unternehmers ist fällig.

**Beispiel**

Bauherr B. bemängelt zwei Türklinken in einem Einfamilienhaus, welche nicht korrekt angebracht sind. Es handelt sich um einen rein optischen geringfügen Mangel. B. will das Werk trotzdem nicht abnehmen. Handwerker H. kann ihm nun eine Frist von zwei Wochen setzen. Erklärt B. keine Abnahme, gilt das Werk als abgenommen.

Mit der Abnahme beginnt die Verjährungsfrist bezüglich Baumängeln (siehe Seite 102 f.).

03

Die Abnahme bewirkt zudem, dass sich die Beweislastverteilung für das Vorhandensein von Mängeln ändert. Bis zur Abnahme trägt der Unternehmer die Beweislast, dass das Werk mängelfrei ist. Ab der Abnahme muss der Bauherr beweisen, dass Mängel vorliegen, wenn er sie rügt.

**Beispiel**

Bauherr B. rügt vor der Abnahme Mängel an einem Heizsystem. Der beauftragte Handwerker H. trägt vor, es bestünden keine Mängel. Es entzündet sich ein Streit mit anschließendem Gerichtsverfahren. Da die Abnahme noch nicht stattgefunden hat, muss H. beweisen, dass er das Werk mängelfrei erbracht hat, was eine Erleichterung für den Bauherrn darstellt. Hätte die Abnahme bereits stattgefunden und beruft sich der Bauherr auf Mängel, müsste dieser die Mangelhaftigkeit des Werks beweisen. Außerdem: Bis zur Abnahme trägt der Handwerker das Risiko der Zerstörung seines Werks und muss es gegebenenfalls neu erstellen, wenn es zum Beispiel durch höhere Gewalt vernichtet wird. Mit der Abnahme geht dieses Risiko auf den Besteller über (siehe Seite 117).

# DER UNTERLASSENE VORBEHALT BEI DER ABNAHME

Mängel, welche der Bauherr bei der Abnahme kennt, muss er deutlich machen. Nimmt er das Werk ab, obwohl er Kenntnis von Mängeln hat, und erfolgt kein entsprechender Vorbehalt, kann der Bauherr gemäß § 640 Absatz 2 BGB nur noch sehr eingeschränkt wegen dieser Mängel Rechte geltend machen.

**Beispiel**

Bauherr B. hat die Ausführung des Parkettfußbodens gegenüber einem Generalunternehmer G. bemängelt. Nachdem das Wohnhaus fertiggestellt ist, fordert G. den B. zur Abnahme auf. G. erklärt die Abnahme, er glaubt, er könne die Mängel am Parkettfußboden noch zu einem späteren Zeitpunkt rügen. Zu Recht? Nein. B. hätte im Abnahmeprotokoll die ihm bekannten Mängel auflisten müssen. Er muss als Bauherr sicherlich die Abnahme erklären und kann diese nur dann verweigern, wenn wesentliche Mängel vorliegen. Seiner Pflicht zur Abnahme hätte er ganz einfach dadurch nachkommen können, dass er die Abnahme erklärt hätte, vorbehaltlich der Mängel am Parkettfußboden. Hierzu genügt es, wenn B. im Abnahmeprotokoll deutlich macht, dass er den Parkettfußboden im derzeitigen Zustand nicht abnehmen möchte.

Nehmen Sie den unterlassenen Vorbehalt auf jeden Fall ernst. Auch bei einer schlüssigen Abnahme (siehe Seite 117) kann der Fall eintreten, dass Sie nicht vorbehaltene Mängel nicht mehr geltend machen können.

**Beispiel**

Bauherr B. hat Kratzer an den Türen festgestellt und diese bei der Ausführung gerügt, leider hat Generalunternehmer W. darauf nicht reagiert. Eine Abnahme findet nicht statt, B. zieht ein. Innerhalb der Prüffrist rügt er keine Mängel, es gilt dann eine konkludente, das heißt stillschweigende Abnahme. Diese erstreckt sich auch auf die vorher gerügten Kratzer an den Türen. B. hätte einen Vorbehalt deutlich erklären müssen.

# DIE ZAHLUNG DES WERKLOHNS

Fraglich ist immer wieder, wann der Handwerker seine Vergütung verlangen kann. Über den Zeitpunkt der Rechnungstellung und wie diese richtig zu gestalten sind besteht oft Unkenntnis. Zunächst müssen Sie vier verschiedene Rechnungen des Handwerkers auseinanderhalten.

1. Mit einer sogenannten **Vorschussrechnung** verlangt der Handwerker einen Vorschuss für noch nicht begonnene Arbeiten.
2. Mit einer **Abschlagsrechnung** verlangt er eine Teilzahlung für bereits erbrachte Leistungen.
3. Mit einer **Nachtragsrechnung** berechnet der Werkunternehmer in Bezug auf den Auftrag zusätzliche Leistungen (siehe Seite 65).
4. Die **Schlussrechnung** ist eine Endabrechnung und erfolgt nach Beendigung der Arbeiten.

**03**

## DER ANSPRUCH AUF VORSCHUSSZAHLUNGEN

Häufig versucht der Handwerker noch vor Beginn seiner Arbeiten, einen Vorschuss vom Bauherren zu kassieren. Begründet wird dies oft damit, dass Materialien etc. eingekauft werden müssten. Ein solcher Anspruch besteht allerdings nicht, er findet im BGB keine Stütze. Teilen Sie diesen Umstand ruhig dem Handwerker mit.

**Beispiel**

Fensterbauer F. verlangt von Bauherr B. vor Beginn der Arbeiten einen Vorschuss in Höhe von 18.000 Euro. Zu Recht? Nein, F. kann nicht Leistungen abrechnen, welche er noch nicht einmal angefangen hat.

## DER ANSPRUCH AUF ABSCHLAGSZAHLUNGEN

Das BGB gewährt in § 632 a Absatz 1 Satz 1 BGB dem Handwerker einen Anspruch auf Abschlagszahlungen. Der Werkunternehmer soll nicht auf eigene Kosten den Bau vorfinanzieren müssen. Dieses Recht des Handwerkers auf die Zahlung von Abschlägen findet zwei wichtige Begrenzungen. Zum einen darf nämlich der Handwerker nur für bereits erbrachte, abgeschlossene Leistungen eine Abschlagszahlung verlangen, zum anderen muss durch die Leistung des Werkunternehmers der Bauherr tatsächlich einen Wertzuwachs erhalten haben, das bedeutet, die Leistungen müssen funktionstauglich sein.

Oftmals verlangen Handwerker außer der reinen Vergütung auch Abschlagszahlungen für Baustoffe/Bauteile. Dies ist problematisch, da der Werkunternehmer (zumindest bis zum Einbau) Eigentümer der Bauteile und Baustoffe bleibt, er diese ja auch anschafft. Infolgedessen ist fraglich, welchen Wertzuwachs der Bauherr erhält; nur bei einem tatsächlichen Wertzuwachs jedoch besteht wie erläutert ein Anspruch auf Abschlagszahlung.

Abschlagsforderungen auf Materialien und Baustoffe sind gemäß § 632 a Absatz 1 Satz 5 BGB nur rechtens, wenn die Bauteile entweder speziell für die konkrete Baustelle angefertigt werden oder an die Baustelle angeliefert werden. Außerdem muss der Handwerker dem Besteller, wenn er eine Abschlagszahlung für Baustoffe oder Bauteile beansprucht, auch das Eigentum an den Baustoffen verschaffen oder dem Besteller eine entsprechende Sicherheit leisten. Abstrakte Abschlagsforderungen „für Material" sind unzulässig.

Als Besteller steht Ihnen ein Wahlrecht zu. Verlangt der Handwerker Abschlagszahlungen für Materialien, muss er Ihnen nach Ihrer Wahl entweder das Eigentum an diesen Materialien tatsächlich verschaffen oder entsprechende Sicherheit (beispielsweise durch Bürgschaft) leisten.

### Studieren Sie Ihren Bauvertrag genau

Viele Bauverträge enthalten Klauseln, wonach Vorschusszahlungen unabhängig von einer tatsächlich erbrachten Gegenleistung fällig werden sollen. Es ist juristisch umstritten, ob Vorschusszahlungen unabhängig von einer tatsächlich erhaltenen Gegenleistung durch allgemeine Geschäftsbedingungen festgelegt werden können. Entdecken Sie einen entsprechenden Abschnitt im Vertrag, sollten

Sie achtgeben. Lassen Sie sich nicht auf Vorschusszahlungen an den Handwerker ohne tatsächliche Gegenleistung ein und streichen Sie die entsprechende Passage. Vorschüsse stehen dem Handwerker nun einmal nicht zu. Abschlagszahlungen sollen entsprechend der dargestellten gesetzlichen Wertung erst dann fällig sein, wenn Sie als Besteller tatsächlich einen Gegenwert erhalten haben.

**03**

Wenn Sie mit dem Handwerker eine Individualvereinbarung getroffen haben, dass dieser eine Vorschusszahlung erhält, liegt die Sache anders. Vom Abschluss einer solchen Vereinbarung wird allerdings dringend abgeraten. Hierfür besteht keine Veranlassung. Der Handwerker ist durch die gesetzlich eingeräumte Möglichkeit, Abschlagsrechnungen zu erstellen, ausreichend geschützt.

## DIE SCHLUSSRECHNUNG

Nachdem der Handwerker sämtliche Leistungen erbracht hat und die Abnahme durchgeführt wurde, erhält der Bauherr in vielen Fällen eine Schlussrechnung. Im BGB-Werkvertrag ist die Erteilung einer Schlussrechnung jedoch keine Fälligkeitsvoraussetzung für den restlichen Werklohn.

**Beispiel**

Bauherr B. beauftragt Tischler T. mit der Errichtung eines kleinen Gerätehauses aus Holz im Garten. B. hat das Häuschen selbst geplant. Als Vergütung wurden pauschal 2.000 Euro vereinbart. Die Abnahme ist erfolgt. B. ist zufrieden mit der Leistung. Hiernach verlässt T. das Grundstück und murmelt, mehr schlecht als recht verständlich, er wolle nunmehr seine vereinbarten 2.000 Euro haben. Ist der Anspruch von T. fällig oder muss er eine Rechnung in Schriftform stellen? Der Zahlungsanspruch des T. besteht.

Im BGB-Werkvertrag muss eine Schlussrechnung grundsätzlich nicht in Schriftform erfolgen. Fälligkeitsvoraussetzung für den Werklohn ist nur die Abnahme. Das obige Beispiel ist allerdings zugespitzt. Der Werkunternehmer ist nämlich verpflichtet, seinen behaupteten Vergütungsanspruch dem Auftraggeber schlüssig zu präsentieren. Im Ausgangsfall war dies entbehrlich, T. hat die Hütte nach den Vorgaben von B. zu einem vereinbarten Pauschalpreis errichtet. Die Forderung des Tischlers ist für den Bauherrn ohne Weiteres nachvollziehbar. Mängel existieren nicht. Hingegen gehört in vielen Fällen die Erteilung einer Schlussrechnung zur Schlüssigkeit einer Forderung.

**Beispiel**

Bauherr B. gibt den Bau einer Gerätehütte in Arbeit. Der Tischler meint, er werde getrennt nach Arbeitslohn und Materialien abrechnen, B. könne sich auf „ca. 1.600 Euro" einrichten. Die Abnahme ist erfolgt. Nach Beendigung der Arbeiten, welche zur vollsten Zufriedenheit von B. ausgeführt wurden, verlangt T. mündlich 1.922 Euro Werklohn. Zu Recht? Nein. Zwar ist der Werklohn des T. auch ohne Schlussrechnung fällig. T. hat jedoch seine Forderung nicht schlüssig dargestellt. Zur Schlüssigkeit der Werklohnforderung im Beispiel gehört es, die Materialpreise anzuzeigen sowie die erbrachten Arbeitsstunden genau aufzulisten. Dies gerade dann, wenn wie hier kein Pauschalpreis, sondern eine Abrechnung auf Stundenlohnbasis, vereinbart wurde. Der Vergütungsanspruch des T. ist nicht schlüssig dargelegt, B. muss (vorerst) nicht zahlen.

Zusammengefasst: Immer, wenn die Höhe der Rechnung noch ermittelt werden muss, hat der Handwerker auch im BGB-Werkvertrag eine schriftliche Schlussrechnung zu erstellen.

## Wie muss eine Schlussrechnung aufgebaut sein?

Dies hängt vom gewählten Vertragstyp ab. Beim **Pauschalpreisvertrag** (siehe Seite 47) müssen die einzelnen Arbeitsstunden nicht aufgelistet werden, ebensowenig die Materialkosten. Auch bei einem Pauschalpreisvertrag müssen jedoch die geleisteten Abschlagszahlungen aufgeführt werden. Beim **Einheitspreisvertrag** (siehe Seite 44) sieht das anders aus. Hierbei müssen die verwendeten Materialien nachgewiesen werden, so ist regelmäßig ein Aufmaß hinsichtlich der konkreten Flächen, welche bearbeitet wurden, erforderlich. Beim **Stundenlohnvertrag** (siehe Seite 48) sind die einzelnen Arbeitsstunden genau aufzulisten, es ist auch kenntlich zu machen, welcher Arbeiter mit welcher Qualifikation (zum Beispiel ob ein Lehrling oder Geselle) die Arbeiten ausgeführt hat. Die Abrechnung muss den behaupteten Vergütungsanspruch schlüssig darstellen.

Ist der Handwerker an seine einmal erteilte Schlussrechnung gebunden? Entgegen weit verbreiteter Auffassung ist dies im BGB-Werkvertrag nicht so. Im Rahmen der geltenden Verjährungsvorschriften (siehe Seite 102) kann der Werkunternehmer weitere Forderungen nach der Schlussrechnung geltend machen.

# WANN DER HANDWERKER MEHR GELD VERLANGEN KANN

Kaum ein Bauvertrag wird in der Bauphase so abgewickelt, wie er geplant war. Oftmals werden manche Baustoffe in höherer Menge als ursprünglich angenommen benötigt oder der Bauherr wünscht im Zuge der Bauarbeiten noch die Ausführung weiterer Leistungen. Die Beteiligten fassen die daraus entstehenden Probleme oft unter dem Begriff des „Nachtrags" zusammen. Hierfür gibt es keine präzise Definition, der Begriff findet häufig ohne weiteres Nachdenken Verwendung. Das Grundproblem besteht darin, dass sich in der Baurealität ständig etwas gegenüber der ursprünglichen Planung ändert und die Beteiligten dann nicht genau wissen, was dies für Konsequenzen hat. So kann der Handwerker bei Ausführung der Arbeiten bemerken, dass er sich bei der Kalkulation der Massen geirrt hat. Muss er nun die Mehrkosten tragen oder kann der diese auf den Auftraggeber verlagern? Auch kommt häufig der Fall vor, dass der Bauherr im Zuge der Bauarbeiten seine Anordnungen ändert, beispielsweise aufgrund geänderter Bodenverhältnisse. Muss der Handwerker geänderte Leistungen überhaupt ausführen? Streit besteht auch oft über die Höhe der Vergütung. Meistens stellt sich der Handwerker auf den Standpunkt, er habe eine zusätzliche Leistung ausgeführt, welche auch zu vergüten sei. Der Bauherr wird oft einwenden, die Leistung sei noch von der ursprünglichen Beauftragung enthalten. Die Beantwortung dieser Fragen erfordert einen präzisen Abgleich der vereinbarten Leistung mit der tatsächlich ausgeführten Leistung. Man muss daher das Bau-Soll (vertraglich geschuldete Leistung) mit dem Bau-Ist (derzeitiger Zustand des Bauvorhabens) abgleichen.

Zusammenfassend besteht also die Nachtragsproblematik darin, dass bei Bauvorhaben in der Regel nicht exakt die beauftragte Leistung im vereinbarten Umfang ausgeführt wird, sondern sich Änderungen ergeben – und mit dieser Entwicklung richtig umzugehen.

## MEHRMENGEN, GEÄNDERTE LEISTUNGEN ODER ZUSÄTZLICHE LEISTUNGEN

Ausgangspunkt sämtlicher Überlegungen ist die Frage, ob sich lediglich die ursprünglich kalkulierte Menge bzw. Masse erhöht bzw. verringert, der Leistungsumfang geändert hat oder ob gar eine zusätzliche Leistung beauftragt wurde. Es sind also drei Fälle voneinander zu trennen.

**Beispiel 1**

Werkunternehmer W. soll eine Mauer errichten. Er kalkuliert im Angebot 230 qm. Bei Ausführung stellt er fest, dass es sich tatsächlich um 270 qm handelt, und er rechnet diese Menge auch ab.

In diesem Fall handelt es sich um eine Änderung der ursprünglich veranschlagten Menge. Statt 230 qm Mauer wurden 270 qm ausgeführt.

**Beispiel 2**

Werkunternehmer W. soll eine Mauer errichten. Er kalkuliert im Angebot 230 qm ein. Nach Beginn der Arbeiten erhält er eine Anweisung des Bauherrn, dass noch weitere Zwischenwände einzuziehen sind. Infolgedessen benötigt W. deutlich mehr Material und rechnet dieses auch ab.

Im Gegensatz zum vorherigen Beispiel handelt es sich nicht um eine bloße Massenmehrung. Vielmehr ist der Bauentwurf vom Bauherrn geändert worden, dies führte zu den geänderten Massen. Hier zeigt sich deutlich der Unterschied zur reinen Massenänderung. Bei dieser tritt nämlich die Massenänderung ohne weitere Umstände (beispielsweise einem geänderten Bauentwurf) ein.

**03**

**Beispiel 3**

Renovierungsunternehmen R. wird mit der Renovierung des ersten Obergeschosses eines Wohnhauses (Tapezieren und Streichen) beauftragt. Im Zuge der Renovierungsarbeiten fällt dem Bauherrn auf, dass er gern einen neuen Fußboden hätte, und er lässt zusätzlich Laminat verlegen.

In diesem Fall handelt es sich nicht lediglich um eine Änderung der ursprünglich beauftragten Leistung, sondern um eine Zusatzleistung, welche also zur ursprünglichen Beauftragung hinzukommen soll, und zwar unabhängig von der ursprünglichen Beauftragung. Die ursprüngliche Beauftragung wird also durch die Neubeauftragung gar nicht berührt.

Wofür ist die Unterscheidung von geänderten Leistungen überhaupt von Bedeutung? Zunächst einmal ist für Ihr Bauvorhaben bereits viel gewonnen, wenn Sie sich bereits im Zuge der Bauarbeiten überhaupt die Frage stellen, ob ein Nachtrag vorliegen könnte und was dies für Konsequenzen hätte. Es kommt häufig vor, dass die am Bau Beteiligten Nachträge vereinbaren (oder auch nicht), ohne sich hierüber im Klaren zu sein. Der Streit über die Vergütung ist damit vorprogrammiert. Darüber hinaus ist die Unterscheidung sehr wichtig bei der Beantwortung der Frage, ob dem Unternehmer eine erhöhte Vergütung zusteht.

# WAS IST BEI MASSENÄNDERUNGEN/ MEHRMENGEN ZU BEACHTEN?

Bei der reinen Massenänderung stellt sich die Frage, ob der Werkunternehmer eine höhere Vergütung fordern kann. Hierfür kommt es darauf an, ob ein Einheitspreisvertrag oder ein Pauschalpreisvertrag vorliegt.

Liegt ein Einheitspreisvertrag vor, kann der Werkunternehmer die Mengenänderung abrechnen. Wie bereits bei den Ausführungen zum Einheitspreisvertrag erläutert (siehe Seite 44) wird bei diesem Vertragstyp immer nach tatsächlicher Menge abgerechnet. Prüfen Sie also bei einem Angebot nach Einheitspreisvertrag die vom Werkunternehmer veranschlagten Mengen. Hat dieser im Angebot zu wenig kalkuliert, kann die Schlussrechnung deutlich teurer als das Angebot werden.

Hat Werkunternehmer W. dahingegen pauschal die Errichtung der Mauer zu einem Festpreis in Höhe von 2.200 Euro angeboten, sind reine Mengenänderungen grundsätzlich nicht zu beachten. Er muss sich an den von ihm angebotenen Festpreis halten. Nur wenn es dem Werkunternehmer schlichtweg nicht mehr zuzumuten ist, bei der von ihm zu erbringenden (Mehr-)Leistung noch am Vertrag festzuhalten, kann sich im Einzelfall ein Anspruch des Werkunternehmers auf Erhöhung des Werklohns ergeben.

**Beispiel**

Bauherr B. baut eine Tiefgarage. Der Boden muss beschichtet werden. 50 Prozent der zu beschichtenden Flächen sind für Dauerparkplätze gedacht, die restlichen Flächen für Durchgänge, Serviceräume und Kurzzeitparkplätze. Werkunternehmer W. bietet die komplette Bodenbeschichtung zu einem Pauschalpreis an. Dabei hat er fälschlicherweise nur die Fläche für die Dauerparkplätze kalkuliert, also nur die Hälfte der zu bearbeitenden Fläche. Muss er die gesamte Fläche zum kalkulierten Preis erbringen?

Fraglich ist, ob in einem solchen Fall der Handwerker die Anpassung seiner Vergütung verlangen oder er sich vom Vertrag lösen kann. Die Hürden hierfür sind hoch. Der Handwerker hat nun einmal auf eigene Gefahr einen Pauschalpreisvertrag abgeschlossen. Dem Unternehmer muss ein Festhalten am Vertrag aufgrund der Mehrmengen zum selben Preis unzumutbar sein. Genaue Prozentangaben hierfür existieren nicht, ab einer Menge von ca. 20 bis 25 Prozent, die der Unternehmer als Mehrleistung bei gleicher Vergütung zu erbringen hat, kann man darüber diskutieren. Ausschlaggebend ist dabei, wie es zu der Fehlkalkulation kam. Hat sich beispielsweise der Handwerker einfach nur in der Kalkulation geirrt, zum Beispiel verrechnet, wirkt sich dies für ihn nachteiliger aus, als wenn der Irrtum darauf beruhte, dass der Bauherr zum Beispiel veraltete Unterlagen vorgelegt hat. Kann also der Handwerker im Beispielfall nachweisen, dass er bei Festhalten am Vertrag wirtschaftlich einen nicht mehr zu billigenden Verlust macht, steht ihm möglicherweise ein Anspruch auf Vergütungsanpassung zu. Dieser Anspruch ist schwierig durchzusetzen, da grundsätzlich bei Pauschalpreisverträgen der Werkunternehmer das Mengenrisiko trägt und entsprechend sorgfältig kalkulieren muss.

**03**

## WAS IST BEI GEÄNDERTEN LEISTUNGEN ZU BEACHTEN?

Ändert sich der Leistungsumfang, zum Beispiel wie aufgeführt durch Anordnung des Bauherrn, noch weitere Zwischenwände einzuziehen, muss sich der Unternehmer zunächst fragen, ob er den Auftrag in dieser Form ausführen möchte und kann. Bei einem BGB-Werkvertrag ist der Unternehmer nicht zur Ausführung von geänderten Leistungen verpflichtet. Der Handwerker schuldet schlicht und einfach nur dasjenige, was vereinbart war. Ein einseitiges Anordnungsrecht durch den Besteller gibt es nicht. Anders stellt sich die Sache dar, wenn lediglich geringfügige Änderungen gewünscht sind. Freilich wird der Handwerker in vielen Fällen den Änderungswünschen seiner Kundschaft nachkommen. Führt der Handwerker den geänderten Auftrag jedoch aus, ist diese Leistung auch entsprechend zu vergüten.

## WAS IST BEI ZUSÄTZLICHEN LEISTUNGEN ZU BEACHTEN?

Wurde ein BGB-Werkvertrag geschlossen, ist der Werkunternehmer nicht zur Ausführung von zusätzlichen Leistungen verpflichtet. Wenn er es aber tut, steht ihm auch eine gesonderte Vergütung zu. Es muss hierfür aber einen Auftrag geben.

Im Hinblick auf zusätzliche Leistungen sind insbesondere folgende Fallkonstellationen häufig anzutreffen:

- **Ein kleiner Gefallen:** Bauherr B. beauftragt Handwerker H. mit der Renovierung des ersten Obergeschosses seines Wohnhauses. Die Beteiligten schließen einen BGB-Werkvertrag. Im Zuge der Renovierungsarbeiten bittet der Bauherr den Handwerker mehrfach um kleinere „Gefallen" im Erdgeschoss, beispielsweise lässt er noch schnell Laminat im Flur verlegen und neue Steckdosen anbringen. Das Material bezahlt B. allerdings selbst. H. führt die zusätzlichen Leistungen aus und spricht nicht weiter mit dem Bauherrn darüber. Nach Abschluss der Arbeiten beansprucht H. eine Vergütung für seine Tätigkeiten im Erdgeschoss. B. verweigert diese und sagt, er sei davon ausgegangen, dass diese Arbeiten im Zuge der ursprünglichen Beauftragung „als Gefälligkeit" kostenlos erfolgen. Bekommt H. den Werklohn für die Arbeiten im Erdgeschoss?

  Ja. H. steht ein weiterer Vergütungsanspruch zu. Diese gilt nämlich gemäß § 632 Absatz 1 BGB als stillschweigend vereinbart, wenn die Durchführung der Arbeiten vernünftigerweise nur gegen eine Vergütung zu erwarten war. Dies ist hier der Fall. Es war nicht zu erwarten, dass H. umsonst im Erdgeschoss Laminat verlegt. Die Beteiligten haben einen Werkvertrag über die Arbeiten im Erdgeschoss vereinbart. Dabei haben sie allerdings keine Regelung über die Vergütungshöhe getroffen. In solchen Fällen steht dem Handwerker zumindest die ortsübliche Vergütung zu. Diese kann in einem Prozess durch ein Sachverständigengutachten festgestellt werden.

- **Der übereifrige Handwerker:** Bauherr B. beauftragt Handwerker H. mit der Renovierung des ersten Obergeschosses seines Wohnhauses. Die Beteiligten schließen einen BGB-Werkvertrag. Im Zuge der Renovierungsarbeiten merkt H., dass auch im Treppenhaus einiges im Argen liegt, streicht dieses neu, dichtet die Fenster ab und behebt

Schönheitsfehler an den Holzstufen des Treppenhauses. Der Bauherr selbst befand sich während der Renovierungsarbeiten im Urlaub, die Arbeiten am Treppenhaus waren mit ihm nicht abgestimmt. Nach Abschluss der Arbeiten fordert H. eine zusätzliche Vergütung für die Arbeiten am Treppenhaus. Zu Recht? Nein.

**03**

Im Gegensatz zum vorigen Beispiel haben die Beteiligten gerade keinen Werkvertrag geschlossen. Die Vergütung gilt damit nicht als stillschweigend vereinbart. Grundsätzlich kann der Handwerker in solchen Fällen keine Vergütung verlangen. Möglicherweise hat er aber einen Anspruch dahingehend, dass zumindest seine Aufwendungen (Farbe etc.) bezahlt werden. Dies hängt nicht zuletzt davon ab, ob die Renovierung des Flurs im Interesse von B. liegt. Wollte dieser zum Beispiel den Flur zu einem späteren Zeitpunkt mit hellen Holzpaneelen verkleiden, ist die Leistung für ihn sinnlos. Der Handwerker ist gut beraten, Arbeiten nur bei entsprechender Beauftragung auszuführen.

# WIE IST DIE RECHTSLAGE BEI MÄNGELN?

Streitigkeiten über Mängel treten häufig auf. Die folgenden Ausführungen helfen Ihnen zu erkennen, wann ein Mangel vorliegt und wie Sie sich als Bauherr zu verhalten haben. Das System der Mängelgewährleistung ist von erheblicher Bedeutung.

## WANN LIEGT ÜBERHAUPT EIN MANGEL VOR?

Zunächst ist immer zu klären, ob überhaupt ein Mangel vorliegt. Das Gesetz erklärt die Sache im § 633 Absatz 1 BGB. Man unterscheidet zwischen Sachmängeln und Rechtsmängeln. Ein Sachmangel liegt vor, wenn das erbrachte Werk nicht so ausgeführt wurde, wie es zwischen den Vertragsparteien ausdrücklich vereinbart wurde. In diesem Fall gab es also eine sogenannte Beschaffenheitsvereinbarung.

**Beispiel**

Bauherr H. vereinbart mit Werkunternehmer W. die schlüsselfertige Errichtung seines Einfamilienhauses mit angeschlossener Praxis. Es wird vereinbart, dass die Türen und Türdurchgänge eine bestimmte Breite haben sollen, da das gesamte Haus rollstuhlgerecht gebaut werden soll. Entgegen dieser Vereinbarung errichtet W. Türen, die zwar einwandfrei funktionieren und eine durchschnittliche Breite aufweisen, jedoch nicht die im Vertrag festgelegte Breite haben.

Liegt keine ausdrückliche Beschaffenheitsvereinbarung vor, ist das Werk dann mangelhaft, wenn es sich nicht für die im Vertrag vorgesehene Verwendung eignet. Hier zeigt sich erneut, dass der Gestaltung des Bauvertrags eine große Bedeutung zukommt.

**Beispiel**

Bauherr B. lässt eine Seniorenresidenz errichten, in welcher alte und kranke Menschen gepflegt werden sollen. Es wurde ein Pauschalpreisvertrag vereinbart, eine spezielle Ausführung bezüglich des Bodens jedoch nicht festgelegt. Aus dem Bauvertrag geht jedoch hervor, dass es sich um eine Seniorenresidenz handelt. Später stellt sich heraus, dass sich der Fußboden für die Benutzung nicht eignet, da er nicht rutschsicher ist. Auch in diesem Fall liegt ein Mangel vor, da sich aus dem Vertrag die beabsichtigte Nutzung als Seniorenresidenz ergab und der Werkunternehmer aufgrund dieser beabsichtigten Verwendung den Boden rutschsicher ausführen musste.

Auch wenn sich dem Vertrag keine Verwendung entnehmen lässt, kann das Werk mangelhaft sein, und zwar dann, wenn es sich nicht für die gewöhnliche Verwendung eignet oder die übliche Beschaffenheit nicht aufweist. Ist die übliche Beschaffenheit nicht erreicht, liegen Ausführungsfehler vor. Der Handwerker schuldet dasjenige, was nach den örtlichen und sachlichen Gegebenheiten jeder Fachmann als notwendig betrachten würde. Ausführungsfehler kommen sehr häufig vor.

03

---

**Beispiel**

Bauherr B. beauftragt Handwerker H. mit der Dämmung seines Dachs. Er bemerkt, dass dieser die Folie nicht korrekt befestigt, wie es den Regeln des Handwerks entsprechen würde. Der Mangel liegt darin, dass die Ausführung nicht der üblichen Beschaffenheit (korrekte Befestigung der Folie) entspricht.

---

Mängelstreitigkeiten entstehen zum großen Teil aus Ausführungsfehlern. Voraussetzung für den Bauherrn ist jedoch, dass er die Ausführungsfehler erkennt. Gerade im vorigen Beispielfall ist Vorsicht geboten. Beim „Bauen am Bestand", also der Renovierung oder Sanierung von Gebäuden bzw. bei deren Erweiterung verhalten sich Bauherren oftmals zu leichtsinnig. Die Baumaßnahme wird in die Hände einer Fachfirma gelegt, weil die Bauherren über keinerlei Kenntnisse in technischen Fragen verfügen. Ausführungsfehler werden schlichtweg übersehen. In der Realität wird nur den wenigsten Bauherren auffallen, dass die Folien von innen falsch befestigt wurden, wie im vorigen Beispiel angenommen wurde. Doch die Folgen solcher Fehler können verheerend sein, da sich bei falsch verklebten Folien Kältebrücken bilden, was zu Schimmelbefall führt.

**Tipp**

Sparen Sie nicht an der falschen Stelle. Investieren Sie in eine professionelle Baubegleitung, am besten durch einen Bauingenieur oder Architekten. Wenn Sie das Geld dafür nicht aufbringen möchten, sei dies gut überlegt. Zumindest die Abnahme sollte durch einen Fachmann Ihres Vertrauens vorbereitet und durchgeführt werden.

Wie können Sie herausfinden, was die übliche Beschaffenheit Ihres Werks wäre? Hierfür gibt es DIN-Vorschriften. Diese regeln, wie das jeweilige Werk auszuführen ist. Sie finden im Internet viele DIN-Vorschriften. Geben Sie aber acht, für bautechnische Laien sind viele DIN-Vorschriften nur schwer nachvollziehbar. Oftmals sind die Texte, die im Internet frei zugänglich sind, veraltet. Die Beratung durch einen Fachmann kann die eigene Recherche nicht ersetzen!

Wann liegt ein Rechtsmangel vor? Von einem Rechtsmangel können Sie dann ausgehen, wenn Dritte in Bezug auf das Werk Rechte gegenüber dem Besteller geltend machen können.

**Beispiel**

Ein Werkunternehmer verkauft an einen ahnungslosen Bauherrn ein Fertighaus. Die Urheberrechte liegen jedoch bei einem Architekten, der von dem Hausverkauf keine Kenntnis hatte. Der Rechtsmangel liegt darin, dass der Unternehmer eine Planung verwendete, ohne hierzu berechtigt zu sein. Urheberschutzrechtliche Gründe sprachen dagegen.

Auch ein Rechtsmangel stellt einen Mangel im Sinne des Werkvertragsrechts dar.

## MACHT ES EINEN UNTERSCHIED, OB MÄNGEL VOR ODER NACH DER ABNAHME AUFTRETEN?

Grundsätzlich brauchen Sie Mängel nicht zu akzeptieren, sei es vor oder nach der Abnahme. Trotzdem sollten Sie folgende gedankliche Unterscheidung vornehmen:

**Tipp**

Anders gestaltet sich die Rechtslage, wenn der Mangel dazu führt, dass sich weitere Mängel oder Folgeschäden ergeben können. In diesem Fall kann der Bauherr natürlich sofort die Mängelbehebung verlangen und hierfür auch eine Frist setzen. Setzen Sie die Frist nur, wenn Sie ein besonderes Interesse an einer alsbaldigen Mängelbehebung haben, etwa weil nachfolgende Gewerke vom Mangel betroffen sind.

- **Bis zur Abnahme** befindet sich Ihr Bauvorhaben in der Erfüllungsphase. Das bedeutet, Sie können beanspruchen, dass Ihnen das Werk zum Fertigstellungstermin mängelfrei übergeben wird. Entdecken Sie einen Mangel, ist es natürlich sinnvoll, diesen Mangel schon vor der Fertigstellung beim Handwerker anzuzeigen. Sie müssen aber dabei immer beachten, dass der Werkunternehmer die Mangelfreiheit erst zum Zeitpunkt des Fertigstellungstermins und der Abnahme schuldet, nicht schon vorher.

**Beispiel**

Bauherr B. lässt sich ein Gerätehaus im Garten errichten. Mit dem Werkunternehmer W. hat er vereinbart, dass die Arbeiten von März bis Juni ausgeführt werden sollen. Unmittelbar nach Beginn der Arbeiten im März entdeckt B., dass eine Geräteklappe nicht groß genug ist. Er fordert W. auf, dies innerhalb einer Woche zu erledigen, ansonsten würde er weitere Schritte unternehmen. Zu Recht? B. hat hier zwar völlig zu Recht den Mangel gerügt. Die Fristsetzung zur Mängelbeseitigung ist jedoch unsinnig. W. schuldet nun einmal die mangelfreie Übergabe erst im Juni, sodass er die Behebung des Fehlers zu einem späteren Zeitpunkt bis Juni durchführen kann.

**Beispiel**

Nach Beginn der Betonarbeiten bricht die Schalung und es muss neu betoniert werden, um Probleme mit der Statik zu vermeiden. In diesem Fall muss sofort Abhilfe geschaffen werden, damit nicht erhebliche Folgeschäden eintreten.

- **Nach der Abnahme** wandelt sich das Vertragsverhältnis. Ab diesem Zeitpunkt beginnt die Gewährleistungsphase. Machen Sie also einen Mangel geltend, sollten Sie sich überlegen, in welcher Phase Ihr Bauvertrag sich befindet. Hat eine Abnahme noch nicht stattgefunden und ist der Fertigstellungstermin noch nicht erreicht, haben Sie zwar grundsätzlich einen Anspruch auf Mängelbeseitigung, jedoch erst zur geplanten Fertigstellung. Bauherren übersehen dies häufig.

## WIE MUSS EIN MANGEL GEGENÜBER DEM HANDWERKER GERÜGT WERDEN?

Gerade in Bausachen unerfahrene Bauherren tun sich oftmals schwer mit der Formulierung einer Mängelrüge. Dabei genügt es für eine wirksame Mängelrüge einfach zu beschreiben, wie sich der Mangel auswirkt. Nach der Symptom-Rechtsprechung des Bundesgerichtshofs reicht es, lediglich die Mängelsymptome zu schildern.

**Beispiel**

Bauherr B. hatte Handwerker H. mit der Abdichtung einer feuchten Stelle am Mauerwerk beauftragt. Kurz nach Beendigung der Arbeiten zeigt sich an derselben Stelle im Inneren des Gebäudes erneut Feuchtigkeit. B. muss nunmehr H. nicht darlegen, aus welchem Grund dessen Arbeiten im Detail mangelhaft sind. B. muss nur schildern, dass erneut an derselben Stelle Feuchtigkeit aufgetreten ist.

**Tipp**

Es ist sinnvoll, Mängelrügen immer mit einer Frist zur Mängelbeseitigung zu verbinden, zumindest dann, wenn sich das Bauvorhaben in der Gewährleistungsphase (siehe Seite 105) befindet.

Dringend anzuraten ist, Mängelrügen in Schriftform zu formulieren und für eine Zustellung beim Handwerker, entweder per Einschreiben oder per Boten, zu sorgen. Sie als Bauherr sind voll beweispflichtig, dass die Mängelrüge zugegangen ist.

## DAS NACHERFÜLLUNGSRECHT DES WERKUNTERNEHMERS BEI EINEM MANGEL

Nachdem die Abnahme durchgeführt wurde, beginnt die Gewährleistungsphase (siehe Seite 105) innerhalb der Verjährungsfrist (siehe Seite 105). Treten innerhalb dieser Frist Mängel auf, sind diese vom Handwerker zu beseitigen. Dabei spricht man von Nacherfüllung, da der Werkunternehmer nachträglich das Recht erhalten soll, seinen Vertragsteil zu erfüllen. Oftmals wird auch der Begriff Nachbesserung gebraucht.

Der Bauherr kann vom Werkunternehmer gemäß § 635 Absatz 1 BGB beanspruchen, dass dieser den Mangel beseitigt, das ist der sogenannte Nacherfüllungsanspruch. Mit diesem untrennbar verbunden ist umgekehrt jedoch auch das Nacherfüllungsrecht des Unternehmers. Dieser ist nämlich auch dazu berechtigt, etwaige Mängel selbst zu beheben, er hat das sogenannte Recht zur zweiten Andienung. Dabei darf und sollte der Bauherr eine konkrete Frist zur Behebung des Mangels nennen.

**03**

---

**Beispiel**

Werkunternehmer W. hat eine Mauer im Außenbereich errichtet. An einigen Stellen weist die Mauer bereits kurz nach der Abnahme Fehlstellen auf, es haben sich Risse und Kuhlen gebildet. Der Auftraggeber A. muss nunmehr W. zunächst zur Behebung der Mängel auffordern, da W. zur Nacherfüllung berechtigt ist. A. darf eine Frist zur Behebung der Mängel setzen.

---

Die Frist zur Behebung der Mängel muss angemessen sein. Wann dies der Fall ist, bemisst sich immer nach den Umständen des Einzelfalls. Im Beispielfall wird eine Frist von einer Woche möglicherweise schon ausreichend sein. Der Bundesgerichtshof jedenfalls urteilte, dass eine Frist dann angemessen ist, wenn der Werkunternehmer während ihrer Dauer die Mängel unter größten Anstrengungen beseitigen kann. Freilich sind auch Witterungseinflüsse, zum Beispiel Frost, oder Feiertage zugunsten des Handwerkers zu berücksichtigen. Wurde eine Frist zu knapp bemessen, ist das nicht weiter schädlich, es läuft dann eine angemessene Frist. Wenn diese beendet ist, können weitere Rechte geltend gemacht werden.

**Nachbesserungsmöglichkeit ist zwingend**

Müssen Sie dem Werkunternehmer immer eine Frist zur Nachbesserung einräumen? Ja. Wie bereits beschrieben, ist die zweite Andienung ein fundamentaler Grundsatz im Werkvertragsrecht. Ohne plausible Fristsetzung zur Nacherfüllung drohen schwerwiegende

Nachteile in einem möglichen Bauprozess. Lassen Sie beispielsweise Mängel beheben, ohne dem Werkunternehmer die Chance zur Nachbesserung eingeräumt zu haben, besteht für Sie kein Erstattungsanspruch für die Kosten der Mängelbehebung. Nehmen Sie das Nacherfüllungsrecht des Werkunternehmers auf jeden Fall ernst!

Eine Fristsetzung zur Mängelbehebung braucht dann nicht zu erfolgen, wenn sich der Werkunternehmer endgültig weigert, den Mangel zu beheben.

**Beispiel**

Werkunternehmer W. erklärt nach einer Mängelrüge, der Mangel bestehe nicht, er sehe derzeit keinen weiteren Handlungsbedarf.

**Beweispflicht beim Bauherrn**

Sie sind als Bauherr im Prozess voll beweispflichtig. Auf einen mündlichen Zuruf etwa, dass keine Mängelbeseitigung mehr erfolgt, sollten Sie sich nicht verlassen. Im Prozess kann der Werkunternehmer das schlicht bestreiten oder er erinnert sich daran nicht mehr. Machen Sie alles schriftlich!

Es muss keine Frist zur Nacherfüllung gesetzt werden, wenn besondere Umstände vorliegen, die eine Fortsetzung des Vertragsverhältnisses für einen der Beteiligten als unzumutbar darstellen. Auch an dieser Stelle wird dringend zur Vorsicht gemahnt. Es müssen schwerwiegende Vertragsverletzungen vorliegen, um davon auszugehen, dass die Fortführung des Bauvertrags unzumutbar ist. In Betracht käme beispielsweise, dass der Handwerker fachlich zur Ausführung der angebotenen Leistungen gar nicht befähigt wäre und die Schwere der Ausführungsfehler sämtliches Vertrauen in den Handwerker hätte schwinden lassen.

Der Handwerker entscheidet, wie er die Nachbesserung durchführt, ihm steht gemäß § 635 Absatz 1 BGB ein Wahlrecht zu, ob er das Werk neu herstellt oder nur den konkreten Mangel beseitigt. Der Mangel muss jedoch dauerhaft beseitigt werden.

Damit wird deutlich, dass dem Bauherrn ein Recht zusteht, den Handwerker zur Mängelbeseitigung aufzufordern. Er hat aber kein Recht darauf, die Art und Weise der Nachbesserung zu bestimmen.

Das Gesetz räumt Ihnen in § 641 Absatz 3 BGB als Bauherrn nach der Abnahme die Möglichkeit ein, dass Sie bis zur Behebung des Mangels den Werklohn (teilweise) zurückhalten können, man spricht vom sogenannten Druckzuschlag. Ihnen steht als Bauherr somit ein Leistungsverweigerungsrecht zu, und zwar in Höhe des Doppelten der zu erwartenden Mängelbeseitigungskosten. Sinn und Zweck der Regelung ist es, dadurch den Handwerker zur Nachbesserung anzuhalten und dem Bauherrn ein effektives Druckmittel an die Hand zu geben.

**Tipp**

Die Kosten der Nachbesserung trägt ausschließlich der Unternehmer. Hierzu gehören die mit der Nachbesserung verbundenen Materialkosten sowie die Arbeitskosten. Auch Fahrtkosten werden dem Unternehmer für die Nachbesserung nicht erstattet.

**03**

**Beispiel**

Bauherr B. rügt ein nicht funktionierendes Drainagesystem. Er hat Handwerker H. zur Nachbesserung aufgefordert, ohne Erfolg. H. meint, dass kein Mangel vorliege. H. besteht auf der Zahlung des gesamten Werklohns. B. lässt sich nunmehr durch einen Sachverständigen beraten. Dieser bestätigt ihm, dass ein Mangel vorliegt, die zu erwartenden Beseitigungskosten beziffert er auf etwa 2.000 Euro. B. kann damit vom Werklohn 4.000 Euro einbehalten.

Nachdem die Nachbesserungsarbeiten durchgeführt wurden, empfiehlt sich die Durchführung einer Abnahme. Dabei werden die Nachbesserungsarbeiten in Augenschein genommen. Ist der Mangel behoben, kann die Abnahme erteilt werden. Ist der Mangel nicht oder nur teilweise behoben, stellt sich die Frage, ob nochmals Nachbesserung angeboten werden muss.

Darauf gibt es leider keine pauschale Antwort. Feste Vorgaben existieren nicht. Es hängt vom Einzelfall ab, ob eine Nachbesserung fehlgeschlagen ist. Nur wenn das tatsächlich der Fall ist, braucht es keine (weitere) Fristsetzung zur Mängelbeseitigung. Hat der Werkunternehmer die Nachbesserung durchgeführt, jedoch kleinere Arbeiten noch unterlassen, kann man nicht von einer fehlgeschlagenen Nachbesserung ausgehen. So ärgerlich dies auch sein mag – in diesem Fall sollte erneut Nachbesserung angeboten werden. Hat der Handwerker jedoch bei einem größeren Mangel einen völlig untauglichen Versuch zur Nachbesserung unternommen und hat er dabei womöglich den Mangel noch verschlimmert, kann man berechtigterweise bereits nach dem ersten Versuch von der gescheiterten Nachbesserung ausgehen. Es kommt dabei darauf an, ob der Unternehmer noch ein schlüssiges Konzept zur Mängelbeseitigung vorlegt oder nicht. Die immer wieder von Laien vertretene Ansicht, nach zwei Nachbesserungsversuchen sei die Nachbesserung als gescheitert anzusehen, trifft in dieser Pauschalität jedenfalls nicht zu.

## WANN KANN DER HANDWERKER DIE NACHBESSERUNG ZU RECHT VERWEIGERN?

Die Nachbesserung kann dann gemäß § 635 Absatz 3 BGB zu Recht verweigert werden, wenn sie nur mit unverhältnismäßigen Kosten bzw. einem nicht zumutbaren Aufwand verbunden ist. Wann dies der Fall ist, ist gesetzlich nicht definiert. Häufig trägt der Handwerker vor, die Nachbesserung sei unverhältnismäßig teuer und deswegen nicht zuzumuten. Der Umstand, dass die Mängelbeseitigung sehr teuer ist, führt für sich genommen nicht schon zur Unzumutbarkeit der Nachbesserungsverpflichtung. Die Unzumutbarkeit ist nach dem Bundesgerichtshof nur dann gegeben, wenn der Erfolg, welcher durch die Mängelbeseitigung eintreten soll, in keinem vernünftigen Verhältnis mehr zum Mängelbeseitigungsaufwand steht. Davon kann man zum Beispiel bei reinen

**03**

Schönheitsmängeln ausgehen. Entscheidend ist, wie sich der Mangel auswirkt. Wird durch den Mangel die Funktionstauglichkeit des Werks spürbar beeinträchtigt, kann auch ein hoher finanzieller Aufwand für die Mängelbeseitigung nicht dazu führen, die Nachbesserung wegen unverhältnismäßiger Kosten zu verweigern. Je stärker sich der Mangel auswirkt, desto weniger können hohe Beseitigungskosten vom Unternehmer angeführt werden.

**Beispiel**

Werkunternehmer W. hätte den Schallschutz nach Stufe A vertraglich ausführen müssen. Irrtümlicherweise führt er einen Schallschutz aus, welcher lediglich Stufe B. entspricht. Dabei handelt es sich immer noch um einen hochwertigen Schallschutz. Die nachträgliche Umrüstung des Objekts (es handelt sich um ein Mietshaus mit acht Parteien für gehobene Ansprüche) kostet ca. 90.000 Euro. W. meint, dies sei unzumutbar, der Auftraggeber könne von ihm keine Mängelbeseitigung verlangen. Auch mit dem nunmehr ausgeführten Schallschutz könne man prima wohnen. Zu Recht? Nein. Da der Schallschutz nicht wie vertraglich vereinbart ausgeführt wurde, liegt ein Mangel vor. W. ist zur Beseitigung verpflichtet. Der Mangel wirkt sich durch den fehlenden Schallschutz direkt auf die Funktionalität aus, da spürbare Beeinträchtigungen der Bewohner durch den mangelnden Schallschutz bestehen, welche bei korrekter Ausführung nicht entstanden wären. W. muss mit großer Wahrscheinlichkeit nachbessern.

Wenn der Handwerker die Nachbesserung zu Recht verweigern kann, stehen dem Bauherrn natürlich Schadenersatzansprüche gegen den Handwerker zu. Außerdem kann der Werklohn gemindert werden. Der Vorteil für den Werkunternehmer ist lediglich, dass er die (unverhältnismäßig hohen) Kosten der Mängelbeseitigung nicht tragen muss, der Schaden des Bauherrn muss natürlich ausgeglichen werden.

Der Unternehmer kann außerdem die Nachbesserung verweigern, wenn sie ihm tatsächlich unmöglich ist. Hat er beispielsweise seinen ehemals auf Kunstmalerei spezialisierten Betrieb in der Zwischenzeit anders ausgerichtet und neue Mitarbeiter eingestellt, ist der Fall denkbar, dass die Nachbesserung tatsächlich nicht von ihm (und auch keinem sonstigen Werkunternehmer) geleistet werden kann. Freilich stehen in diesem Fall dem Bauherrn Schadenersatzansprüche zu.

## WAS DER BAUHERR UNTERNEHMEN KANN, WENN DIE NACHBESSERUNG SCHEITERT

### Die Selbstvornahme

Hat der Unternehmer den vorhandenen Mangel nicht innerhalb der gesetzten Frist beseitigt, steht Ihnen gemäß § 637 Absatz 1 BGB das Recht zur Selbstvornahme zu. Sie dürfen den Mangel also entweder selbst beheben oder durch einen anderen Handwerker auf Kosten des ursprünglich beauftragten Handwerkers beseitigen lassen. Sie als Bauherr haben bei der Selbstvornahme das Recht, dass sämtliche Aufwendungen, die zur Mängelbeseitigung erforderlich sind, von dem Handwerker ersetzt werden, der den Mangel verursacht hat.

Wenn Sie als Bauherr den Mangel selbst beseitigen, stellt sich die Frage, welche Aufwendungen Ihnen hierfür zu erstatten sind. Fakt ist, dass sämtliche Materialkosten, die zur Beseitigung des Mangels anfallen, ersetzt werden müssen. Darüber hinaus sind auch Aufwendungen für Ihren Arbeitsaufwand und gegebenenfalls den Ihres Ehepartners erstattungsfähig.

**Beispiel**

Fensterbauer F. hat die Fenster zwar eingebaut, diese sind jedoch mit Lackfarbe verschmiert. F. wurde eine Frist zur Mängelbeseitigung (Entfernung der Lackspuren) gesetzt, welche ergebnislos verstrichen ist. Bauherr B. reinigt die Fenster mit seiner Ehefrau E. insgesamt vier Stunden lang. B. und E. erhalten für ihre Arbeitsstunden eine Entschädigung. Nach der Rechtsprechung des Bundesgerichtshofs kann B. den Stundenlohn eines Arbeiters jeweils für sich und seine Ehefrau verlangen.

In den meisten Fällen jedoch wird der Bauherr mangels eigener fachlicher Qualifikation den Mangel von einem Handwerker beseitigen lassen.

**03**

---

**Beispiel**

Der in Bausachen unerfahrene Bauherr B. vergibt einen Auftrag zum Einbau mehrerer Eingangstüren an seinem neu errichteten Wohn- und Geschäftshaus. Handwerker H. verursacht Ausführungsfehler, weil er die Türzargen nicht richtig ausschäumt. Dadurch setzten sich die Türen und lassen sich nicht mehr richtig schließen. Nach einer Frist zur Mängelbeseitigung, welche H. ungenutzt verstreichen lässt, holt B. den Schreiner S. an die Baustelle. Dieser stellt fest, dass die Türen mitsamt Zargen ausgebaut, die Arbeitsflächen neu verschäumt und die Zargen und Türen wieder eingebaut werden müssen. Er führt den Auftrag aus und stellt B. hierfür 2.000 Euro zuzüglich Mehrwertsteuer in Rechnung. B. muss nunmehr im Verhältnis zu D. zunächst dessen Werklohn ausgleichen. Er hat aber seinerseits einen Anspruch gegen H., dass dieser ihm diese Aufwendungen ersetzt oder ihn von diesen Kosten freistellt, falls der Bauherr noch nicht gezahlt hat.

---

Oftmals entsteht Streit zwischen den Beteiligten über die Höhe der erforderlichen Kosten zur Mängelbeseitigung.

---

**Beispiel**

Im obigen Fall verweigert H. den Ausgleich der für D. angefallenen Kosten. Er ist der Ansicht, allenfalls zur Zahlung von 500 Euro zuzüglich Mehrwertsteuer verpflichtet zu sein, da die geltend gemachten Kosten nicht angemessen seien. Man hätte einfach nachbessern können, indem man lediglich die Türblenden entfernt und die Zargen nachverschäumt hätte, ohne deren Ein- und Ausbau. Diese Nachbesserung hätte allenfalls Kosten in Höhe von 500 Euro zuzüglich Mehrwertsteuer verursacht. Befindet sich H. im Recht? Nein. Vom Bauherrn werden keine besonderen Anstrengungen erwartet, ein besonders günstiges Angebot einzuholen. Immerhin ist es der ursprünglich beauftragte Werkunternehmer, der doppelt vertragswidrig gehandelt hat. Zuerst hat er die Leistung nicht wie vertraglich geschuldet (mängelfrei) erbracht und sodann missachtete er noch die Pflicht zur Nachbesserung. Daher darf ein Bauherr darauf vertrauen, dass ein Preis für die Nachbesserung, den ihm ein Drittunternehmer nennt, angemessen ist. Sie sind als Bauherr nicht verpflichtet, mehrere Angebote einzuholen.

---

Kraft Gesetzes sind dem Bauherrn diejenigen Aufwendungen zu erstatten, die zur Beseitigung des Mangels erforderlich waren. Was ist darunter zu verstehen? Der Bundesgerichtshof hält jedenfalls solche Aufwendungen für erforderlich, die ein vernünftig und wirtschaftlich denkender Bauherr erwarten durfte. Im Beispielfall bedeutet dies, dass dem in Bausachen unerfahrenen Bauherrn sämtliche Kosten für die Ersatzvornahme zu erstatten sind. Er konnte ohne Weiteres davon ausgehen, dass zum Beheben der Mängel die Türzargen aus- und wieder eingebaut werden mussten. Insbesondere deshalb, da sich die Türen bereits gesetzt hatten und nicht mehr schließen ließen. Es kommt nicht darauf an, ob es möglicherweise eine billigere Möglichkeit zur Nachbesserung gegeben hätte. Ausschlaggebend ist eben, was der Bauherr für erforderlich halten durfte.

Grundsätzlich ist also festzuhalten, dass der Unternehmer sämtliche Aufwendungen zu tragen hat, die zur Mängelbeseitigung erforderlich waren. Hierzu gehören Arbeits- und Material-, aber auch Transportkosten. Muss ein Gutachten eingeholt werden, beispielsweise um die Schadensursache festzustellen, muss der ursprünglich beauftragte Handwerker auch Gutachterkosten erstatten. Nur wenn klar ist, woher der Mangel herrührt, kann sinnvoll eine Nachbesserung durchgeführt werden. Müssen im Zuge der Mängelbeseitigungsarbeiten auch Bauleiter oder Planer beschäftigt werden, gehört dies ebenfalls zu den erforderlichen Aufwendungen.

Eine Grenze findet die Erstattungspflicht des Werkunternehmers dann, wenn der Bauherr durch Ersatz der Aufwendungen bereichert würde.

**03**

**Beispiel**

Hauseigentümer H. entdeckt Schimmelbefall an der Dachkonstruktion. Zunächst beauftragt er einen Gutachter mit der Ermittlung der Schadensursache und der Sanierungskosten. Dieser ermittelt ca. 40.000 Euro zu erwartende Mangelbeseitigungskosten. Das ist H. zu teuer. Er fragt bei mehreren Handwerkern an. Unternehmer U. bietet die Leistung für 15.000 Euro an und erhält den Auftrag. Kurz nach Beendigung der Arbeiten zeigt sich erneut Schimmelbefall. H. fordert U. zur Nachbesserung auf. U. verweigert diese. Es stellt sich heraus, dass zur erfolgreichen Schimmelsanierung tatsächlich Kosten in Höhe von 40.000 Euro anfallen würden. Müssen H. diese Aufwendungen von U. ersetzt werden? Nein. Problematisch ist zwar, dass U. den vertraglichen Erfolg, also die Schimmelsanierung, nicht herbeigeführt hat. Das Werk ist mangelhaft. Grundsätzlich sind H. also sämtliche zur Mängelbeseitigung erforderlichen Kosten zu erstatten, demnach ca. 40.000 Euro. Dabei fällt auf, dass U. dem H. sämtliche Kosten erstatten muss, welche bei ordnungsgemäßer Ausführung von Anfang an zur Sanierung angefallen wären. H. hätte eine Haussanierung erhalten, ohne hierfür eigene Kosten investieren zu müssen. Infolgedessen muss sich H. die sogenannten Sowieso-Kosten, also die Kosten, die unabhängig von der Mängelleistung sowieso entstanden wären, anrechnen lassen. Dies bedeutet im konkreten Fall, dass H. unabhängig von U. Kosten in Höhe von 40.000 Euro entstanden wären. Von diesen Sowieso-Kosten ist der Werklohn des U. abzuziehen, sodass ca. 25.000 Euro Sowieso-Kosten bleiben, U. demnach ca. 15.000 Euro an H. zu zahlen hat.

Das Thema der Erstattungspflicht ist umstritten. Im Werkvertragsrecht besteht die Erfolgshaftung (siehe Seite 41). Im Beispielfall ist grundsätzlich das Werk des Handwerkers mangelhaft, er ist dafür verantwortlich, den Erfolg herbeizuführen und damit den Mangel zu beseitigen. Hat er die Schimmelsanierung möglicherweise zu einem Pauschalpreis angeboten, lässt sich trefflich darüber streiten, ob er sich seiner werkvertraglichen Erfolgshaftung entziehen kann.

Soweit die Voraussetzungen einer Selbstvornahme vorliegen, kann der Bauherr gemäß § 637 Absatz 3 BGB vom ursprünglich beauftragten Werkunternehmer einen Vorschuss (siehe Seite 61) für die Mängelbeseitigungskosten verlangen. Der

Bauherr soll im Verhältnis zum neu beauftragten Handwerker nicht vorleistungspflichtig sein.

**Beispiel**

Handwerker H. hat im Wohnhaus von E. Laminat verlegt. Es zeigen sich Mängel, da erhebliche Unebenheiten zu verzeichnen sind. Die Nachbesserung hat H. verweigert. E. entschließt sich, die Mängel von einem anderen Parkettleger beseitigen zu lassen, und beauftragt D. Dieser schätzt überschlägig 2.000 Euro an Lohn- und Materialkosten, will sich abschließend aber erst nach Ausführung der Arbeiten festlegen. E. ist berechtigt, von H. einen Vorschuss zu verlangen, und zwar in Höhe der voraussichtlich erforderlichen Mängelbeseitigungskosten. H. muss demnach 2.000 Euro an E. zahlen.

Der Anspruch auf Vorschusszahlung gemäß § 637 Absatz 3 BGB kann auch eingeklagt werden. Damit lässt sich in manchen Fällen ein langwieriger Streit über die tatsächliche Schadenshöhe vermeiden. In Fällen, in denen eine Insolvenz des Handwerkers abzusehen ist, kann dies ein möglicher Weg sein, schnell einen Titel zu erstreiten, um anderen Gläubigern zuvorzukommen. Nach Beendigung der Mängelbeseitigungsarbeiten muss jedoch über den Vorschuss abgerechnet werden.

Ein immer wieder kontrovers diskutiertes Thema ist die Frage, ob eine fiktive Abrechnung der zu erwartenden Mängelbeseitigungskosten möglich ist. Das bedeutet, dass der Bauherr auf Basis eines Kostenvoranschlages hinsichtlich der zu erwartenden Mängelbeseitigungskosten abrechnet. Unerheblich ist dann, ob die Mängelbeseitigungsarbeiten tatsächlich ausgeführt werden, wobei aber fraglich ist, ob anfallende Mehrwertsteuer erstattet werden muss.

**Beispiel**

Bauherr B. hat Handwerker H. mit der Herstellung einer Außenanlage beauftragt. Es soll eine Natursteinmauer errichtet werden. Die Mauer gerät schief. Nach erfolgloser Aufforderung zur Mängelbeseitigung lässt sich B. einen Kostenvoranschlag fertigen. Die Mängelbeseitigungskosten sollen 2.000 Euro zuzüglich Mehrwertsteuer betragen. B. möchte gegenüber H. fiktiv, also ohne die Mängel tatsächlich beheben zu lassen, abrechnen und beansprucht von H. die Zahlung von 2.000 Euro zuzüglich Mehrwertsteuer. Zu Recht? Ja. Grundsätzlich kann B. einen Betrag in Höhe von 2.000 Euro verlangen, und zwar unabhängig von der tatsächlichen Ausführung der Arbeiten. Es soll ihm freigestellt sein, den Mangel zu einem späteren Zeitpunkt tatsächlich zu beheben. Die Mehrwertsteuer steht ihm allerdings nicht zu. Zwar existieren Entscheidungen deutscher Gerichte, in welchen den Bauherren die Mehrwertsteuer zugesprochen wurde. Die herrschende Ansicht lehnt einen solchen Anspruch jedoch ab mit der Begründung, dass die Mängelbeseitigungsarbeiten tatsächlich nicht durchgeführt werden, somit die Mehrwertsteuer nicht anfällt und demnach auch nicht zu erstatten ist.

## Die Minderung

Neben der Ersatzvornahme kann sich der Bauherr natürlich auch überlegen, mit dem Mangel zu leben und entsprechend gemäß § 638 BGB den Werklohn zu mindern.

**Beispiel**

Bauherr B. beauftragt Werkunternehmer H. mit der Errichtung eines Anbaus. Es wird vereinbart, dass dieser zur Straßenseite fünf Fenster mit präzise festgelegten Maßen erhalten soll. H. verwendet bei der Ausführung einen veralteten Plan, obwohl ihm ein neuer Plan ausgehändigt wurde. In dieser Zeit befand sich B. im Urlaub und konnte die falschen Rohbaumaße nicht erkennen. Nachdem er zurückkam, stellte er fest, dass nur vier Fenster ausgeführt wurden – und zwar mit falschen Maßen. Nach einiger Überlegung beschließt er jedoch, den Mangel hinzunehmen und den Werklohn des H. um 4.000 Euro zu mindern.

## Der Rücktritt

Die Mängel können so schwerwiegend sein, dass Sie als Bauherr gemäß §§ 636 Absatz 1, 323 Absatz 1 BGB vom Vertrag zurücktreten können (siehe Seite 100). Sie müssen sich als

Bauherr auf jeden Fall entscheiden: Entweder Sie mindern den Werklohn oder Sie treten vom Vertrag zurück. Beides zusammen geht nicht.

## Der Schadenersatzanspruch

Außer der Selbstvornahme, der Minderung und dem Rücktritt können Schadenersatzansprüche des Bauherrn gegen den Werkunternehmer bestehen.

**Beispiel 1**

Bauherr B. hat erst durch ein Gutachten herausgefunden, dass tatsächlich Mängel vorhanden sind. Da sich Handwerker H. weigert, den Mangel zu beheben, schaltet B. einen Rechtsanwalt ein. H. muss B. die Gutachterkosten zahlen, außerdem die Rechtsanwaltskosten. Diese Kosten sind nämlich bei B. konkret angefallen, es handelt sich damit um einen Schaden finanzieller Art, welcher durch H. zu ersetzen ist.

**Beispiel 2**

Bauherr B. ist vom Vertrag zurückgetreten. Handwerker H. muss nunmehr den Werklohn zurückzahlen. Durch die Mängel sind Schäden am Bauwerk entstanden, außerdem hat sich der Bau verzögert, was ebenfalls zu Mehrkosten führen wird. Diese Positionen sind dem Bauherren als Schadenersatz zu ersetzen.

# DIE BEHINDERUNG DES WERKUNTERNEHMERS BEI DER AUSFÜHRUNG DER ARBEITEN

Manchmal können Umstände, die allein von den Bauherren zu verantworten sind, dazu führen, dass sich die Bauzeiten verschieben.

**Beispiel**

Der Bauherr streitet sich mit dem Architekten, der daraufhin die Ausführungsplanung nicht fertigstellt. Ohne Ausführungsplanung kann der Handwerker nicht beginnen, die Störung ist allein durch den Bauherrn verursacht.

03

Denkbar sind auch Fälle, in welchen das zu bebauende Grundstück dem Bauherrn zu spät übergeben wird. Der Handwerker kann bei Bauzeitverzögerungen, welche er nicht zu verantworten hat, verlangen, die Bauzeiten zu verlängern. Außerdem können ihm bei Behinderungen Schadenersatzansprüche gegen den Bauherrn zustehen. Hierfür muss jedoch der Handwerker die Behinderung schriftlich anzeigen.

**Beispiel**

Handwerker H. kann mit der Innenrenovierung nicht beginnen, da noch in sämtlichen Räumen Möbel des Bauherrn stehen und nicht abgedeckt sind. H. muss die Behinderung schriftlich anzeigen. Zeigt er die Behinderung nicht schriftlich an, muss diese dem Auftraggeber offenkundig sein. Hierzu muss sichergestellt sein, dass der Auftraggeber auch wirklich Kenntnis von der Behinderung hat. Die Offenkundigkeit muss der Handwerker beweisen.

In Bauverträgen können Sie problemlos mit dem Handwerker vereinbaren, dass dieser Behinderungen auf jeden Fall schriftlich anzeigen muss.

Ein Schadenersatzanspruch des Handwerkers besteht nur, wenn Sie als Bauherr die eingetretene Behinderung auch zu vertreten haben.

**Beispiel**

Ein Handwerker auf der Baustelle war mit der Ausführung von Leistungen beauftragt, welche fertiggestellt werden müssen, bevor Handwerker H. beginnen kann. Stellt der erstbeauftragte Handwerker seine Leistungen nicht vertragsgemäß fertig, ist die eingetretene Verzögerung jedenfalls nicht vom Bauherrn zu vertreten, sodass H. keinen Schadenersatzanspruch gegen den Bauherrn geltend machen kann.

## STEHEN MIR RECHTE ZU, AUCH WENN DIE ARBEITEN „SCHWARZ" ERLEDIGT WURDEN?

Da Bauvorhaben oft eine finanziell erhebliche Belastung darstellen, ist für den ein oder anderen der Gedanke verführerisch, mit nicht ganz sauberen Methoden Geld zu sparen. Manch einer kommt auf die Idee, die Arbeiten „schwarz" ausführen zu lassen.

**Beispiel**

Bauherr B. lässt von Handwerker H. einen Außenputz inklusive neuen Anstrichs aufbringen. Das Auftragsvolumen beträgt 20.000 Euro netto, also ohne Mehrwertsteuer. B. fragt H., ob man das Ganze nicht auch „ohne Rechnung" abwickeln könnte. H. willigt ein, führt die Leistungen aus und verlangt von B. dann 19.500 Euro in bar, welche dieser dem H. anstandslos übergibt. Nach zwei Jahren zeigen sich Mängel am neuen Putz. Stehen B. Gewährleistungsansprüche gegen H. zu? Nein.

Auf vielen Seiten im Internet und in älteren Publikationen wird ein Fall wie oben im Beispiel beschrieben so erläutert: Fraglich sei, ob der zwischen H. und B. geschlossene Werkvertrag sittenwidrig gemäß § 138 BGB ist. Der Bundesgerichtshof vertrete die Meinung, dass man den Vertrag aufteilen könne. Eine komplette Sittenwidrigkeit sei gegeben, wenn die Abrede „ohne Rechnung" der Hauptzweck des Vertrags war. Im Ausgangsfall sei aber ein regulärer Werkvertrag geschlossen, dem Bauherrn komme es ja hauptsächlich auf die Vertragserfüllung an. Damit, so angeblich der Bundesgerichtshof, sei nur die „Ohne-Rechnung-Abrede" sittenwidrig, nicht aber der Werkvertrag. Folglich stünden B. grundsätzlich Gewährleistungsansprüche zu.

**Vorsicht**

Die im Beispiel aufgezeigte und erläuterte Rechtslage ist überholt, auf vielen Seiten im Internet aber immer noch zu finden! In einer Entscheidung vom 1. August 2013 (Az. VII ZR 6/13) hat der Bundesgerichtshof nunmehr klargestellt, dass „Schwarzgeldabreden" gegen das Schwarzarbeitsgesetz verstoßen und dazu führen, dass der Werkvertrag insgesamt nichtig ist. Dies jedenfalls dann, wenn der Handwerker vorsätzlich gegen seine steuerlichen Pflichten verstößt und Sie als Bauherr den Verstoß des Unternehmers kennen und bewusst zu Ihrem Vorteil ausnutzen. Die Konsequenz – so der Bundesgerichtshof – ist, dass Ihnen als Bauherr auch keine Mängelansprüche zustehen. In Anbetracht dieser Rechtslage wird dringend davon abgeraten, Schwarzgeldabreden mit Handwerkern zu treffen. Nicht nur, dass Sie dadurch keine Mängelrechte geltend machen können. Sie stiften den Handwerker auch zu einer Straftat an, was ebenfalls für Sie als Bauherr strafrechtliche Konsequenzen haben kann.

Das Oberlandesgericht Schleswig hat am 16. August 2013 (Az. 1 U 24/13) entschieden, dass Handwerkern bei einer Schwarzgeldabrede kein Vergütungsanspruch zusteht. Diese Entscheidung sollte keinesfalls zum Abschluss von Schwarzgeldabreden ermutigen, in der Hoffnung, sodann den Werklohn nicht bezahlen zu müssen. Zum einen machen Sie sich dadurch wie aufgeführt strafbar. Zum anderen gibt es durchaus Entscheidungen deutscher Gerichte, welche dem Handwerker zumindest einen Wertersatz zusprechen, Sie haben also keinerlei Rechtssicherheit!

Häufig sind auch Fälle, in welchen der Bauherr gar nicht weiß, dass er eigentlich einen Schwarzarbeiter beschäftigt. In einem solchen Fall geht die Rechtsprechung nur von einer Teilnichtigkeit des geschlossenen Werkvertrags aus, mit der Folge, dass dem Bauherrn sämtliche Mängelansprüche erhalten bleiben.

Sittenwidrig sind auch Verträge, in welchen der Bauherr deutlich zu wenig Werklohn zahlt, in solchen Fällen stehen dem Bauherrn ebenfalls keine Gewährleistungsansprüche zu.

**Beispiel**

Bauherr B. hat über eine Bekannte Kontakt zu vietnamesischen Einwanderern erhalten. Diese arbeiten auf der Baustelle des B. zu einem Stundenlohn von 3 Euro. Kommt der Sachverhalt ans Licht, drohen empfindliche Strafen. Die vietnamesischen Arbeiter sind dann nachträglich zu vergüten, auch Steuern und Sozialversicherungsbeiträge sind nachzuzahlen. Selbstverständlich stehen B. keine Gewährleistungsansprüche zu.

## DIE PRÜF- UND HINWEISPFLICHT DER AM BAU BETEILIGTEN

Jeder Werkunternehmer am Bau, welcher seine Gewerke auf Basis einer nicht selbst erstellten Planung oder auf Vorgewerken anderer Handwerker ausführt, muss prüfen, ob die Vorarbeiten, Planungen oder Entwürfe Dritter eine geeignete Grundlage für sein eigenes Gewerk bieten. Diese Prüf- und Hinweispflicht muss sehr ernst genommen werden, ihre Missachtung ist Grundlage vieler gerichtlicher Auseinandersetzungen. Die Pflicht trifft nicht nur die ausführenden Handwerker, sondern sämtliche am Bau Beteiligte (siehe Seite 134).

**Beispiel**

Firma F. ist spezialisiert auf die Ausführung von besonderen Bodenbelägen aus Kunststoff. Der Estrich ist jedoch immer vom Bauherrn zu erstellen, da dies die Firma F. nicht anbietet. F. muss damit bei jeder Baustelle prüfen, ob der von dem Drittunternehmen auf Veranlassung des Bauherrn hergestellte Estrich ordnungsgemäß ausgeführt wurde. Dann erst kann der Bodenbelag aufgebracht werden.

Ergibt die Prüfung eines Werkunternehmers, dass entweder ein Vorgewerk oder die örtlichen Gegebenheiten die Ausführung seiner Leistung behindern, muss er seine Bedenken dem Bauherrn mitteilen.

**Beispiel**

Handwerker H. merkt, dass er eine gewünschte Zufahrt nicht wie ursprünglich geplant pflastern kann, da sich darunter eine Lehmschicht befindet und Regenwasser aller Voraussicht nach nur schwer versickern kann. Es müssten zusätzliche Drainagen gelegt werden, was zu erheblichen Kosten führen würde. H. muss den Bauherrn B. auf diese Fakten hinweisen. Wenn Bauherr B. trotzdem, möglicherweise um zu sparen, die ursprüngliche Ausführung weiter verlangt, ist H. gut daran beraten, seine Bedenken schriftlich mitzuteilen. Dabei muss dem Bauherrn genau aufgezeigt werden, worin die Bedenken liegen und wie sich der Mangel zu einem späteren Zeitpunkt möglicherweise auswirken wird.

Nur wenn der Bauherr wirklich umfassend über sämtliche relevanten Fakten unterrichtet wird, ist der Unternehmer seiner Hinweispflicht voll nachgekommen. Und umgekehrt ist er später für etwaige Mängelansprüche nicht mehr heranzuziehen, wenn er seine Bedenken wie aufgeführt dem Bauherrn qualifiziert mitgeteilt hat.

**03**

**Beispiel**

Handwerker H. hat im vorigen Beispielfall dem B. genau mitgeteilt, dass bei der gewählten Ausführung das Regenwasser nicht korrekt abläuft und sich möglicherweise Wasser am Haus sammeln könnte. B. wollte davon nichts wissen, er bestand auf die kostengünstige Ausführung. Sammelt sich zu einem späteren Zeitpunkt tatsächlich Wasser am Haus, stellt das zwar einen Mangel dar, B. kann H. hierfür aber nicht verantwortlich machen, da dieser seiner Prüf- und Hinweispflicht voll und ganz nachgekommen ist.

# DIE VEREINBARUNG VON BAUZEITEN

Bauherren ist in der Regel daran gelegen, den Bau so schnell wie möglich zu vollenden, etwa um schnell in das Objekt einziehen zu können und Miete zu sparen. Umso mehr verwundert, wie sorglos die Beteiligten oft in Bauverträgen mit den Baufristen umgehen. Vielfach erfolgt keine präzise Regelung. Haben Sie im Bauvertrag keine Regelung getroffen, wann die Bauarbeiten auszuführen sind und vor allem wann das Werk fertiggestellt sein soll, drohen Probleme. Das Gesetz regelt für den Fall, dass keine Bauzeitvereinbarung erfolgt, nämlich nur, dass der Handwerker alsbald nach Vertragsschluss beginnen

**Tipp**

Vereinbaren Sie präzise Bauzeiten. Bestimmen Sie konkrete Fristen zum Baubeginn und zur Fertigstellung. Für einzelne Gewerke können Zwischenfristen vereinbart werden. Werden die Fristen nicht eingehalten und erwächst Ihnen hieraus ein Schaden, lassen sich Ihre Ansprüche leichter durchsetzen. Geltend machen können Sie zum Beispiel Mehrkosten durch Mietzahlungen, die bei rechtzeitigem Einzug nicht angefallen wären, Zinsausfallschäden, Einlagerungskosten für Möbel oder auch entgangene Fördermittel.

muss und sodann die Bauarbeiten in einer angemessenen Frist fertigzustellen sind. Da die Frage der „Angemessenheit" der Fertigstellung bei jedem einzelnen Bauvorhaben separat beantwortet werden muss, ist der Streit über die Ausführungsfristen programmiert.

Beginnt der Unternehmer nicht rechtzeitig mit der Bauausführung, können Sie bei einem BGB-Werkvertrag vom Vertrag zurücktreten. Sie müssen hierfür jedoch dem Handwerker eine angemessene Frist zur Erbringung seiner Leistung gesetzt haben. Außerdem sollten Sie dem Handwerker androhen, den Vertrag zu kündigen, falls er die Leistung nicht innerhalb der gesetzten Frist ausführt. Es ist umstritten, ob eine solche Ankündigung bei einem BGB-Vertrag zwingend erfolgen muss, gehen Sie aber unbedingt auf Nummer sicher!

## DIE VEREINBARUNG VON VERTRAGS-STRAFEN

Kommt es Ihnen als Bauherr darauf an, dass Ihr Bauvorhaben vertragsgemäß und pünktlich fertiggestellt wird, können Sie eine Vertragsstrafe mit dem Handwerker vereinbaren.

**Beispiel**

Bauherr B. hat seine Mietwohnung zum 31. März 2014 gekündigt. Ihm kommt es darauf an, dass sein Neubau des Wohnhauses pünktlich zum 31. Januar 2014 fertiggestellt ist, damit er den Umzug in Ruhe bewerkstelligen kann. Im Bauvertrag wird vereinbart, dass Handwerker H. eine Vertragsstrafe in Höhe von 1.000 Euro pro angefangenem Monat an B. zu zahlen hat, falls er das Haus nicht bis zum 31. Januar 2014 fertigstellt.

Was ist der Vorteil einer solchen Regelung? Grundsätzlich ist es so, dass dem Bauherrn Schadenersatzansprüche gegen den Handwerker zustehen, da dieser die Bauzeiten nicht wie vereinbart eingehalten hat. Die zusätzliche Vereinbarung einer Vertragsstrafe wirkt jedoch als Druckmittel, da im Gegensatz zu einem Schadenersatzanspruch, der neben der Vertragsstrafe grundsätzlich bestehen bleibt, bei der Vertragsstrafe nicht der Eintritt eines konkreten Schadens gefordert wird. Kann also ein Bauherr kostenlos zunächst bei Freunden wohnen, steht ihm mangels Schaden möglicherweise kein Schadenersatzanspruch gegen den Handwerker zu, wohl aber der Anspruch aus der Vertragsstrafe.

**03**

Vertragsstrafen können nicht nur für Fälle der verspäteten Fertigstellung vereinbart werden, sondern auch für Fälle der Schlechtleistung, zum Beispiel für den Fall, dass erhebliche Mängel an bestimmten Bereichen der Ausführung auftreten.

**Vertragsstrafe vorbehalten**

Die Geltendmachung einer Vertragsstrafe setzt voraus, dass das Werk nicht vorbehaltlos abgenommen wurde. Sie müssen sich also bei der Abnahme die Geltendmachung der Vertragsstrafe vorbehalten.

Es empfiehlt sich, Vertragsstrafen als Individualvereinbarung (siehe Seite 53) zu vereinbaren. Es gibt nämlich eine umfangreiche Rechtsprechung zu der Frage, wann Vertragsstrafen, welche als allgemeine Geschäftsbedingungen (siehe Seite 52) einbezogen wurden, möglicherweise zu hoch und damit unwirksam sind. Vertragsstrafen bis zu einer Höhe von 5 Prozent der Auftragssumme jedenfalls sind als allgemeine Geschäftsbedingung unproblematisch. Private Bauherren sollten allerdings die Vertragsstrafe regelmäßig als Individualvereinbarung in den Vertrag integrieren oder als Nachtrag zum Vertrag vereinbaren.

# DIE BEENDIGUNG DES BAUVERTRAGS

Wenn im Rahmen eines Bauvorhabens die Sympathie der Vertragsparteien füreinander schwindet, kann es notwendig sein, den Bauvertrag zu beenden. Der Bauvertrag kann gekündigt werden, das bedeutet, der Bauvertrag wird für die Zukunft ab dem Kündigungszeitpunkt beendet. Möglich ist auch ein Rücktritt, dieser beendet den Bauvertrag sofort.

## DIE ORDENTLICHE (FREIE) KÜNDIGUNG DES BAUVERTRAGS

Der Auftraggeber hat jederzeit gemäß § 649 Satz 1 BGB das Recht, den Bauvertrag mit Wirkung für die Zukunft durch Kündigung zu beenden. Hierfür bedarf es keines besonderen Grundes, man spricht auch von der sogenannten freien Kündigung.

**Nur Auftraggeber berechtigt**

Das Recht, den Werkvertrag jederzeit zu kündigen, steht ausschließlich dem Auftraggeber zu.

Der Handwerker ist jedoch nicht rechtlos gestellt. Ihm steht im Fall einer freien Kündigung die volle vereinbarte Vergütung zu, welche um ersparte Aufwendungen aufgrund der Vertragsbeendigung (Materialkosten, Lohnkosten etc.) zu kürzen ist. Der Handwerker kann also den entgangenen Gewinn einfordern.

**Beispiel**

Nach Abschluss der Rohbauarbeiten bietet dem Bauherrn B. ein Freund die Fertigstellung des Bauvorhabens an, und zwar zum „Freundschaftspreis". Daraufhin kündigt B. den Werkvertrag mit dem ursprünglich beauftragten Handwerker H. Dieser ist nunmehr berechtigt, für die erbrachten Leistungen bis zum Kündigungszeitpunkt voll abzurechnen. Für die noch nicht erbrachten Leistungen steht ihm der entgangene Gewinn zu.

Problematisch ist immer wieder, wie der entgangene Gewinn berechnet wird. Um diese schwierige Frage zu vereinfachen, vermutet das Gesetz in § 649 Absatz 1 Satz 3 BGB, dass dem Handwerker 5 Prozent der auf den noch nicht erbrachten Teil der Werkleistung entfallenden Vergütung zustehen. Dies bedeutet eine erhebliche Beweiserleichterung für den Handwerker.

**03**

**Beispiel**

Dachdecker D. hat eine Dachsanierung für 15.000 Euro angeboten. Bevor er mit der Ausführung beginnt, kündigt ihm der Bauherr B. den Auftrag. D. kann nunmehr von B. 750 Euro verlangen, ohne eine detaillierte Kalkulation vorlegen zu müssen.

§ 649 Absatz 1 Satz 3 BGB bedeutet insbesondere für kleinere Handwerksbetriebe eine erhebliche Erleichterung. Es bleibt dem Handwerker natürlich unbenommen, einen höheren Betrag geltend zu machen. Dabei muss er jedoch seine Kalkulation offenlegen. Er muss also präzise darlegen, mit welchen Material- und Lohnkosten er bei der Summe, die ursprünglich vom Bauherrn an ihn gezahlt werden sollte, kalkuliert hat. Ob diese Kalkulation zutreffend ist, ist oft Gegenstand von Rechtsstreitigkeiten. Der Handwerker wird in vielen Fällen den leichter durchzusetzenden Weg über die 5-Prozent-Schätzung wählen.

**Tipp**

Immer wieder findet sich in Bauverträgen, insbesondere in allgemeinen Geschäftsbedingungen, eine Regelung, dass im Falle einer freien Kündigung durch den Besteller 10 Prozent der noch ausstehenden Bausumme an den Handwerker pauschal zu zahlen sein sollen. Diese Bestimmung ist als allgemeine Geschäftsbedingung unwirksam, da sie der aufgezeigten gesetzlichen Regelung klar widerspricht. Wenn eine solche Vereinbarung getroffen werden soll, muss eine präzise vertragliche Regelung als Individualvereinbarung (siehe Seite 53) erfolgen. Eine vorformulierte Klausel in allgemeinen Geschäftsbedingungen jedenfalls ist nicht zulässig.

## DIE AUSSERORDENTLICHE KÜNDIGUNG DES BAUVERTRAGS

Neben der ordentlichen „freien" Kündigung, welche wie gezeigt nur dem Auftraggeber zusteht, kann der Bauvertrag auch außerordentlich gekündigt werden. Dieses außerordentliche Kündigungsrecht steht beiden Vertragsparteien zu, und zwar dann, wenn einer der Vertragsparteien unter Berücksichtigung der Umstände des Einzelfalls die Fortführung des Vertrags nicht mehr zugemutet werden kann.

**Beispiel**

Handwerker H. hat eine Betonschalung dilettantisch ausgeführt. Die Schalung ist gebrochen. H. ist mit der Ausführung überfordert. Bauherr B. erkennt das und ist froh, dass er an H. noch keinen Werklohn bezahlt hat. Da H. darüber hinaus kein schlüssiges Konzept vorlegen kann, wie er die Schalung künftig ausführen will, verliert B. sämtliches Vertrauen in die Fähigkeiten von H. Zu allem Überfluss beichtet H. dem B., dass er für Betonarbeiten keine Ausbildung hat und eine solche Arbeit zum ersten Mal macht. B. weiß sich nicht mehr anders zu helfen und kündigt den Werkvertrag außerordentlich.

Wurde eine außerordentliche Kündigung vom Bauherrn ausgesprochen, steht dem Handwerker im Gegensatz zur ordentlichen „freien" Kündigung kein Anspruch auf den entgangenen Gewinn zu. Das ist der große Unterschied zwischen der freien Kündigung und der außerordentlichen Kündigung. Der Vergütungsanspruch des Unternehmers beschränkt sich in diesen Fällen auf die bis zur Kündigung erbrachten Leistungen.

Ihnen steht als Bauherr für den Fall, dass der Handwerker einen Kostenvoranschlag erheblich überschreitet, außerdem ein außerordentliches Kündigungsrecht gemäß § 650 Absatz 1 BGB zu. Von einem erheblichen Überschreiten kann ab Mehrkosten in Höhe von ca. 20 Prozent der Gesamtsumme ausgegangen werden.

**Beispiel**

Handwerker H. hat einen (unverbindlichen) Kostenvoranschlag für einen Anbau in Höhe von ca. 22.500 Euro erstellt. Danach wurde ein Einheitspreisvertrag geschlossen. Im Zuge der Bauarbeiten merkt H., dass der Bau deutlich teurer wird, und rechnet in etwa mit 40 Prozent Mehrkosten. Die Mehrkosten beruhen darauf, dass sich H. bei der Berechnung der Materialmengen und auch bei der zu bearbeitenden Fläche geirrt hat.

H. muss den Bauherrn umgehend darüber informieren, dass erhebliche Mehrkosten anfallen werden. Da kein Pauschalpreisvertrag geschlossen wurde, sind die Mehrkosten im Endeffekt vom Bauherrn zu tragen. Das Gesetz schreibt deshalb vor, dass der Handwerker in solchen Fällen zwingend den Bauherrn informieren muss. Nach dieser Information ist der Bauherr berechtigt, den Bauvertrag außerordentlich zu kündigen. Sinn und Zweck der Regelung ist es, dass B. selbst zu entscheiden hat, ob er einen (unerwartet teurer werdenden) Bau auch tatsächlich durchführen möchte. B. ist schützenswert. Dieser hat einen Einheitspreisvertrag mit H. geschlossen. Auch Mehrmengen sind damit grundsätzlich von ihm zu bezahlen (siehe Seite 66).

**03**

Es wäre möglich, dass ein Handwerker die Menge bewusst gering kalkuliert, um später dann die Komplettabrechnung im Einheitspreisvertrag präsentieren zu können, welche grundsätzlich vom Bauherrn bezahlt werden müsste.

**Beispiel**

Handwerker H. sieht, dass für Dacharbeiten eigentlich 200 qm Fläche als Menge kalkuliert und angeboten werden müssen. Er kalkuliert für den Bauherrn B. jedoch im Wege eines Kostenvoranschlags nur 150 qm und schließt einen Einheitspreisvertrag ab. An dieser Stelle wird der Bauherr geschützt. H. muss ihm zwingend mitteilen, dass das Bauvorhaben erheblich teurer wird, andernfalls verhält er sich vertragswidrig.

Unterlässt der Handwerker die Mitteilung an den Bauherrn, dass der Bau erheblich teurer wird, drohen Schadenersatzansprüche. Der Bauherr ist dann so zu stellen, als hätte er den Bauvertrag gekündigt. Dies allerdings nur, wenn er den Werkvertrag auch tatsächlich gekündigt hätte.

# DER RÜCKTRITT VOM BAUVERTRAG

Im Gegensatz zur Kündigung beendet der Rücktritt das Vertragsverhältnis von Anfang an. Ein Rücktritt kann bei Mängeln erklärt werden, wenn eine Frist zur Nachbesserung erfolglos verstrichen ist und die Mängel nach wie vor bestehen (siehe Seite 87). In diesem Fall wandelt sich der Vertrag in ein Rückgewährschuldverhältnis um. Die ausgetauschten Leistungen sind rückzugewähren, was eine schwierige Rückabwicklung zur Folge hat.

**Beispiel**

Im Beispiel auf Seite 98 hat der Bauherr B. bereits 25.000 Euro Vorschuss an Handwerker H. gezahlt. Aufgrund der schwerwiegenden Ausführungsfehler hat B. keinerlei Vertrauen in die weitere Bauausführung durch H. und erklärt den Rücktritt vom Werkvertrag. Eine Nachbesserungsfrist war erfolglos verstrichen. Durch den Rücktritt hat sich das Vertragsverhältnis in ein Rückgewährschuldverhältnis umgewandelt. H. muss B. den Werklohn zurückzahlen. Im Gegenzug muss B. grundsätzlich die erhaltenen Bauleistungen zurückgeben. Da dies in vielen Fällen für den Bauherrn unmöglich ist und auch von den Vertragsparteien selten angestrebt wird, sieht das Gesetz in § 346 Absatz 2 BGB vor, dass vom Bauherrn Wertersatz für die erhaltenen Arbeiten zu leisten ist. Die mangelhaften Betonarbeiten haben für B. keinen Wert, sodass auch hierfür kein Wertersatz zu leisten ist. Davor hat H. allerdings die Baugrube ausgeschachtet und das Grundstück (teilweise) erschlossen. Hierfür muss B. Wertersatz leisten.

Liegen Mängel vor, können Sie als Bauherr theoretisch in vielen Fällen entweder vom Vertrag zurücktreten oder den Werkvertrag außerordentlich kündigen. Es ist juristisch zwar umstritten, ob neben den umfangreichen gesetzlichen Regelungen zum Rücktritt noch die Möglichkeit einer außerordentlichen Kündigung eingeräumt wird. In der Literatur und Rechtsprechung wird jedoch ein außerordentliches Kündigungsrecht bejaht. Das Argument lautet, dass dem Bauherrn in einer Vielzahl von Fällen mit einem Rücktritt nicht geholfen ist, weil er insbesondere bei umfangreichen Bauleistungen kein Interesse an einer Rückabwicklung der bereits empfangenen Leistungen hat.

Bitte bedenken Sie also: Möchten Sie das Vertragsverhältnis möglichst schnell beenden, ohne die empfangenen Leistungen rückabzuwickeln, empfiehlt sich die **außerordentliche Kündigung.** Müssen die empfangenen Leistungen rückabgewickelt werden (zum Beispiel Rückzahlung von Werklohn), empfiehlt sich der **Rücktritt.** Beachten Sie auch zwingend die gesetzlichen Voraussetzungen des Rücktrittsrechts, die bei der Kündigung eingehalten werden müssen. Insbesondere ist dem Vertragspartner unter Fristsetzung die Möglichkeit einzuräumen, die Mängel zu beheben und sich vertragstreu zu verhalten. Konsultieren Sie bei solchen Problemen auf jeden Fall einen Fachanwalt!

**03**

# DIE ANFECHTUNG

Wenn Sie vom Vertragspartner arglistig getäuscht worden sind, kann der Bauvertrag beendet werden, und zwar durch Anfechtung.

**Beispiel**

Dachdeckerkolonne K. kundschaftet aus, welche Häuser von alleinstehenden älteren Personen bewohnt werden. Es wird an einem geeigneten Objekt geklingelt. Die alleinstehende Rentnerin R. öffnet. Die Handwerker erklären ihr, das Dach müsse unbedingt neu gedeckt werden, um Schaden von Leib und Leben der vorbeigehenden Passanten abzuwenden. Tatsächlich ist das Dach zwar alt, aber ohne Weiteres noch funktionsfähig. R. willigt aus Sorge ein und beauftragt K., das Dach neu zu decken. Später erfährt sie, dass die Arbeiten nicht notwendig waren und sie unter Vorspiegelung falscher Tatsachen zum Vertragsschluss bewogen wurde. In einem solchen Fall steht R. das Recht zu, den Vertragsschluss wegen arglistiger Täuschung anzufechten. Durch die Anfechtung wird der Vertrag beendet. K. muss den Werklohn zurückzahlen. R. muss dabei den reinen Wertzuwachs am Haus durch die Neudeckung des Dachs in Abzug bringen, da K. zumindest ein Wertersatzanspruch gegen R. zusteht. Sonst hätte sie sich unangemessen bereichert. Dabei ist jedoch zu beachten, dass lediglich ein Wertersatzanspruch besteht. R. muss lediglich den reinen Wertzuwachs am Grundstück bzw. Haus in Abzug bringen lassen. Darüber hinausgehende Vergütungsansprüche, insbesondere der kalkulierte Gewinn, stehen K. durch die Anfechtung nicht mehr zu.

---

# DIE VERJÄHRUNG VON ANSPRÜCHEN

Ein entscheidender Grundsatz im deutschen Recht ist die Erwägung, dass Personen Ansprüche zeitlich nicht unbegrenzt geltend machen dürfen. Irgendwann, so der dahinter stehende Gedanke, muss Rechtssicherheit dahingehend bestehen, dass keine weiteren Forderungen mehr gestellt werden können. Die Verjährung ist in § 634 a BGB geregelt. Im Baurecht ist hinsichtlich der Verjährung insbesondere die Pflicht zur Mängelbeseitigung von Bedeutung.

## DIE VERJÄHRUNG DER MÄNGELANSPRÜCHE DES BAUHERRN

Wann verjähren Ansprüche des Bauherrn wegen Mängeln? Es kommt auf folgende Aspekte an: Es ist entscheidend, ob es sich um Mängelansprüche in Bezug auf ein Bauwerk im Sinne des Werkvertragsrechts handelt. Ist das der Fall, verjähren die Ansprüche, die der Bauherr aufgrund von Mängeln geltend machen kann, innerhalb von fünf Jahren nach Abnahme. Unter einem Bauwerk ist laut Rechtsprechung eine unbewegliche Sache zu verstehen, die durch Verwendung von Material und Arbeit in Verbindung mit dem Grundstück hergestellt wurde. Was bedeutet das? Um die Definition zu verstehen, muss man sich vergegenwärtigen, dass die Festsetzung von fünf Jahren Verjährungsdauer die Regelverjährungszeit (drei Jahre) erheblich überschreitet. Im Kaufrecht gilt zum Beispiel nur eine Verjährungsfrist von drei Jahren. Die längere Frist ist darauf zurückzuführen, dass gerade in Bausachen Mängel für den Bauherrn oft erst nach einer gewissen Zeit überhaupt erkennbar sind, er wird also durch die Verjährungsfrist von fünf Jahren geschützt. Für diesen besonderen Schutz, so der Rechtsgedanke, bedarf es aber einer dauerhaften Verbindung der erbrachten Leistung mit dem Grundstück.

Die Verjährungsfrist von fünf Jahren im Werkvertragsrecht wird in den meisten Fällen einschlägig sein, da die meisten Sachen, welche Handwerker errichten, Bauwerke im Sinne des Werkvertragsrechts sind. Die Errichtung von Gebäuden und deren Bestandteile sind solche Bauwerke. Hierzu gehören auch sämtliche Teilleistungen des Werkunternehmers, die im Zusammenhang mit der Errichtung eines Gebäudes erfolgen, zum Beispiel der Einbau von Türen, Heizung, Fenstern, etc. Auch Zufahrten, Zuleitungen, Zäune usw. für neu errichtete Grundstücke sind als Bauwerke zu verstehen, sodass Mängelansprüche fünf Jahre lang nach Abnahme geltend gemacht werden können.

Für Arbeiten an bestehenden Gebäuden kommt es darauf an, um welche Arbeiten es sich handelt. Nicht alle Arbeiten an bestehenden Gebäuden sind auch Arbeiten an einem Bauwerk im Sinne des Werkvertragsrechts und kommen damit in den Genuss der fünfjährigen Verjährungszeit. Arbeiten an einem Bauwerk im Sinne des Werkvertragsrechts sind nur solche Arbeiten, die für Konstruktion, Erhaltung und Benutzbarkeit des bestehenden Gebäudes von wesentlicher Bedeutung sind. Außerdem müssen die verwendeten Teile fest mit dem Gebäude verbunden sein.

**Beispiel**

Heizungsbauer H. repariert eine ältere Ölheizung, welche nicht mehr funktioniert. Teilweise werden Leitungen erneuert, auch der Brenner wird ausgetauscht. Die Heizungsanlage ist für den Bestand des Gebäudes von erheblicher Bedeutung. Die Mängelansprüche des Bauherrn verjähren in fünf Jahren nach Abnahme.

Die Mängelansprüche für Reparaturarbeiten und sonstige Arbeiten an bestehenden Gebäuden, die für deren Bestand und Benutzbarkeit nicht von erheblicher Bedeutung sind, verjähren dagegen innerhalb von zwei Jahren nach Abnahme.

---

**Beispiel 1**

Tischler T. repariert eine historische Holzverkleidung im Treppenhaus eines Altbaus. Eine wesentliche Bedeutung der Arbeiten, bezogen auf die Erhaltung des Bauwerks oder dessen Benutzbarkeit, liegt nicht vor. Mängelansprüche verjähren daher innerhalb von zwei Jahren nach Abnahme.

**Beispiel 2**

Handwerker H. baut in einem älteren Gebäude eine zusätzliche Beleuchtungsanlage ein. Die Mängelansprüche des Bauherrn B. verjähren innerhalb von zwei Jahren nach Abnahme. Wären die Arbeiten im Zusammenhang mit der Errichtung eines neuen Gebäudes erfolgt, hätte die Verjährungsfrist für Mängelansprüche fünf Jahre betragen.

**Beispiel 3**

Handwerker H. baut eine Solaranlage auf dem Dach des 15-jährigen Wohnhauses von Bauherrn B. ein. Nach drei Jahren zeigen sich Mängel. Bestehen noch Gewährleistungsansprüche? Diese Frage ist juristisch umstritten. Die Verbauer der Solaranlagen gehen natürlich von einer zweijährigen Verjährungszeit aus und argumentieren dahingehend, dass der Schwerpunkt des Vertrags nicht im Werkvertragsrecht liege. Eine gerichtliche Entscheidung vom 12. Januar 2012 des Oberlandesgerichts Bamberg, Az. 6 W 38/11, lässt eher den Rückschluss auf eine fünfjährige Verjährungszeit zu. Es bleibt abzuwarten, wie die nächsten Entscheidungen lauten werden. Fakt ist jedenfalls, dass auch Solaranlagen an Bauwerken angebracht und mit diesen verbunden werden. Insofern spricht vieles für eine fünfjährige Verjährungszeit.

---

Verjähren Ansprüche nicht innerhalb der aufgezeigten Fünfjahresfrist bzw. der Zweijahresfrist, dann greift die regelmäßige Verjährungsfrist von drei Jahren. Dies gilt vor allem für Mängel an Gutachten.

Kann die Verjährung auch ergänzend zwischen den Vertragsparteien geregelt werden? Auch bei dieser Frage kommt es darauf an, in welcher Form die Regelung erfolgt. Handeln die Vertragsparteien durch Individualvereinbarung eine längere oder kürzere Frist aus, ist dies möglich.

**Beispiel**

Bauherr B. und Handwerker H. vereinbaren auf einem separaten Schriftstück, welches beide unterschreiben, dass die Verjährung für das von B. errichtete Bauwerk drei Jahre betragen soll.

Wichtig zu beachten: In allgemeinen Geschäftsbedingungen ist eine Verkürzung der Verjährungsfristen nicht möglich.

**Beispiel**

Bauherr B. unterschreibt den Bauvertrag. Auf Seite 7 findet sich im „Kleingedruckten" eine Regelung, welche die Verjährung auf drei Jahre verkürzt. Die Bestimmung ist unwirksam, es gilt die gesetzliche Verjährungsfrist von fünf Jahren.

Wie errechnet sich konkret die Verjährungsfrist? Die Mängelgewährleistungsfrist beginnt am Tag der Abnahme und endet genau fünf Jahre später. Wäre eine Abnahme also am 30. August 2013, dann endete die Frist am 30. August 2018.

# DIE VERJÄHRUNG DER VERGÜTUNGS-ANSPRÜCHE DES UNTERNEHMERS

Im Gegensatz zu den Mängelansprüchen des Bestellers verjähren die Vergütungsansprüche des Unternehmers innerhalb der regulären Verjährungsfrist, also wie gezeigt innerhalb von drei Jahren. Die Frist beginnt mit dem Schluss des Jahres, in dem der Anspruch entstanden ist, und dauert von diesem Zeitpunkt an drei Jahre.

**Beispiel**

Handwerker H. hat Anfang Juni 2013 ein Bauwerk beendet, die Abnahme ist Ende Juni 2013 erfolgt, die Schlussrechnung hat er im September 2013 gestellt. Die Verjährung seines Vergütungsanspruches beginnt demnach am 31. Dezember 2013 und endet am 31. Dezember 2016.

In der Praxis machen Handwerker oft einen Fehler, indem sie annehmen, dass erst die Rechnungsstellung zur Fälligkeit des Vergütungsanspruches führt. Dies kann für den Werkunternehmer unangenehme Konsequenzen haben.

**Beispiel**

Handwerker H. hat im August 2012 ein Bauwerk beendet, die Abnahme ist 2012 erfolgt, die Schlussrechnung hat er erst im Januar 2013 gestellt. H. meint, die Verjährung beginne erst am 31. Dezember 2013. Zu Recht? Das Gesetz lässt in § 199 Absatz 1 BGB die Verjährungsfrist zum Schluss des Jahres beginnen, in welchem der Anspruch entstanden ist. Hier ist der Vergütungsanspruch des H. aber im Jahr 2012 entstanden, denn in diesem Jahr erfolgte die Abnahme. Das ist das entscheidende Kriterium. Dass H. erst seinen Anspruch 2013 geltend gemacht hat, ist nicht relevant. Ausschlaggebend ist, wann der Anspruch entstanden ist: Das war 2012, nämlich mit der Abnahme. H. hat sich demnach geirrt, die Verjährung begann bereits am 31. Dezember 2012.

## DIE HEMMUNG UND DER NEUBEGINN DER VERJÄHRUNG

Manche Handlungen oder die Einleitung verschiedener prozessualer Schritte bewirken eine Hemmung der Verjährung. Verjährungshemmung bedeutet: Der Zeitraum, in dem die Verjährung gehemmt war, wird bei der Berechnung der Verjährungsfrist nicht mitgerechnet. Von der reinen Verjährungshemmung, also dem Unterbrechen der Verjährungsfrist, ist der Neubeginn der Verjährungsfrist zu unterscheiden. Ein wichtiges Beispiel für eine Verjährungshemmung ist das Führen von Verhandlungen.

**03**

---

**Beispiel**

Handwerker H. hat 2010 ein Bauwerk beendet, die Abnahme ist 2010 erfolgt, die Schlussrechnung stellte er ebenfalls 2010. Bauherr B. hat 80 Prozent der Summe der Schlussrechnung überwiesen. Im Herbst 2013 mahnt H. den B. wegen der Restzahlung an. Daraufhin bittet B. um ein Treffen vor Ort. Im Zuge dieses Treffens macht B. eine Vielzahl von Kleinstmängeln geltend und beruft sich darauf, dass H. die angefallenen Arbeitsstunden nicht nachgewiesen habe. In den kommenden sechs Wochen verhandeln B. und H. B. beharrt darauf, dass Mängel am Bauwerk vorliegen. H. bietet mehrere Male an, den ausstehenden Werklohn minimal zugunsten des B. zu senken, um diesen zu einer Zahlung zu bewegen. Auch nach sechs Wochen gibt es noch keine Einigung. In einem solchen Fall wird bei der Berechnung der Verjährungsfrist die Zeitdauer der Verhandlungen nicht mitgerechnet. Der Werklohnanspruch des H. verjährt damit nicht am 31. Dezember 2013, sondern ca. sechs Wochen später.

---

Verhandeln unterbricht die Verjährung nur, wenn auch tatsächlich verhandelt wird. Wiederholt der Bauherr nur stur, dass er nicht zahlen will, ist das noch kein Verhandeln. Es muss zumindest die Möglichkeit bestehen, durch Verhandeln ein Ergebnis erzielen zu können, welches sämtliche Beteiligte am Vertrag mittragen.

Die Erhebung einer Klage hemmt ebenfalls die Verjährung, dies gilt auch für ein selbstständiges Beweisverfahren (siehe Seite 139).

Von erheblicher Bedeutung im Baurecht ist die Frage, wie es sich bei der Durchführung von Nachbesserungsarbeiten mit der Verjährung verhält. Folgender Beispielfall verdeutlicht das Problem.

**Beispiel**

Handwerker H. hat 2007 bei Bauherr B. in dessen neu gebauten Einfamilienhaus den Estrich und darüber einen Fliesenbelag verlegt. Die Abnahme fand 2007 statt, ebenso wurde die Schlussrechnung 2007 gestellt. 2011 rügte B. Mängel, da sich an einer Stelle Risse im Fußboden zeigten. H. arbeitete die Stelle im November 2011 anstandslos nach, in diesem Monat wurden die Nachbesserungsarbeiten auch abgenommen. Im Juni 2013 rügt B. erneut Mängel. Es haben sich an mehreren Stellen wieder Risse im Fußbodenbelag gebildet. H. wendet ein, er müsse nicht mehr nacharbeiten, Ende 2012 sei Verjährung eingetreten. Zu Recht? Nein.

Grundsätzlich begann die Verjährungsfrist am 31. Dezember 2007 und endete am 31. Dezember 2012. Zu beachten ist allerdings, dass ein Anerkenntnis kraft Gesetz gemäß § 212 Absatz 1 Nr. 1 BGB dazu führt, dass die Verjährung erneut beginnt. Bei einem BGB-Werkvertrag bedeutet das, dass die Verjährungsfrist (fünf Jahre) nach einem Anerkenntnis erneut beginnt. Man muss also immer prüfen, ob die Beseitigung des aufgetretenen Mangels durch den Unternehmer ein Anerkenntnis des Mangels darstellt. In einem solchen Fall beginnt die Verjährungsfrist von fünf Jahren neu. Im Beispiel wurde der Mangel durch H. ohne jede Einschränkung behoben. Dies stellt ein Anerkenntnis dar. Die Verjährung ist nicht Ende 2012 eingetreten.

Oftmals versuchen Handwerker, ein Anerkenntnis dadurch zu umgehen, dass der Mangel „unter Vorbehalt" oder „aus Kulanz" beseitigt wird. Beachten Sie: Dieses Vorgehen ist durchaus Erfolg versprechend, da nur ein Anerkenntnis zu einem Neubeginn der Verjährung führt, nicht eine Mängelbehebung, um einem Rechtsstreit zu entgehen. Lassen Sie sich auf eine solche Formulierung nicht ein. Wenn der Handwerker freiwillig den Mangel behebt, muss er auch den Neubeginn der Verjährungsfrist in Kauf nehmen.

Die Verjährung ist eine Einrede und wird als solche nicht von Amts wegen geprüft. Wenn Sie sich auf die Verjährung berufen wollen, müssen Sie den Verjährungseinwand ausdrücklich geltend machen.

## Exkurs: Was ist eigentlich ein Skonto?

Skonto bedeutet, dass Sie als Bauherr für eine Zahlung innerhalb einer vereinbarten (meist kurzen) Frist oder sogar für eine
Zahlung vor Fälligkeit finanziell belohnt werden. Ein Skonto
muss allerdings explizit zwischen den Parteien vereinbart werden. Trauen Sie sich und fragen Sie als Bauherr nach Skonto.
Eine solche Vereinbarung wird in der Praxis häufiger geschlossen, als Sie denken. Der Werkunternehmer kann entscheiden,
ob er den Skonto gewährt oder nicht.

**Beispiel**

Bauherr B. und Generalübernehmer G. vereinbaren, dass B. 2 Prozent der
jeweiligen Rechnungssumme abziehen kann, wenn er den Betrag innerhalb von einer Woche nach der jeweiligen Rechnungslegung anweist. Es
kommt auf die Bankanweisung an, nicht auf den tatsächlichen Zugang bei
G. Hierüber haben sich B. und G. ausdrücklich geeinigt.

04

# DER VOB/B-WERKVERTRAG

Wenn der Handwerker den Einbezug der VOB/B wünscht, fragen sich viele Bauherren, was dies eigentlich bedeutet und welche Vor- oder Nachteile damit verbunden sind. Dieses Kapitel schafft Klarheit, ob die VOB/B sinnvoll für Sie ist, und vermittelt Ihnen die Unterschiede zwischen einem VOB/B-Werkvertrag und einem BGB-Werkvertrag. Wenn Sie glauben, dass die VOB/B für Sie infrage kommt, müssen Sie alle Konsequenzen vorher bedenken. Nach Vertragsschluss ist es zu spät!

# WAS IST EIGENTLICH EIN VOB/B-WERKVERTRAG?

Bauverträge können als BGB-Vertrag oder als VOB-Vertrag gestaltet werden. Dies sagt erst einmal nichts über den Inhalt des geschlossenen Vertrags aus. Beide Vertragstypen können entsprechend den Ausführungen der vorherigen Abschnitte als Pauschalpreisvertrag oder als Einheitspreisvertrag gestaltet werden, mit einer präzisen Leistungsbeschreibung oder lediglich einer funktionalen Leistungsbeschreibung. Hier herrscht grundsätzlich Vertragsfreiheit.

**04**

Stellen Sie sich größere, komplexe Bauvorhaben mit erfahrenen Bauherren und größeren Bauunternehmen vor, beispielsweise den Bau eines mehrstöckigen Mietshauses oder gar eines Einkaufscenters. Dabei sind mehrere Leistungen auszuführen, beispielsweise Rohbau, Innenausausbau, Sanitär usw., oft von verschiedenen Unternehmen. Die Arbeiten müssen geplant, überwacht und koordiniert, viele Rechnungen geprüft werden, manche Arbeiten werden verschoben oder verzögern sich, viele Arbeiten werden deutlich teurer als kalkuliert. Dabei wird deutlich, dass in Bezug auf Rechtsfragen spezielle Bedürfnisse am Bau bestehen. Um diese verschiedenartigen Interessen der Bauherren und Werkunternehmer ausgewogen zu berücksichtigen, wurde ein Regelwerk mit dem Namen „Allgemeine Vertragsbedingungen für die Ausführungen von Bauleistungen", kurz „VOB/B", verfasst. Es handelt sich um 18 Paragrafen mit teils mehreren Absätzen.

**Tipp**
Sie finden die Vorschriften beispielsweise im Internet unter www.dejure.org

Ein VOB/B-Werkvertrag ist nichts anderes als ein Bauvertrag, welcher dieses Regelwerk einbezieht. Bei der VOB/B handelt es sich nämlich um allgemeine Geschäftsbedingungen.

Außer der VOB/B gibt es noch die VOB/A und die VOB/C. Bei der VOB/A handelt es sich um vergaberechtliche Bestimmungen, die VOB/C enthält die allgemeinen technischen Vertragsbedingungen für Bauleistungen. Beide sollten nur in Sonderfällen explizit in den Vertrag einbezogen werden.

## WORIN LIEGEN DIE WICHTIGSTEN UNTERSCHIEDE ZWISCHEN VOB/B- UND BGB-WERKVERTRAG?

Bevor Sie sich darüber Gedanken machen, welcher Vertragstyp sinnvoll ist, müssen Sie sich über die Unterschiede im Klaren sein. Was macht also einen VOB/B-Werkvertrag anders im Vergleich zu einem Vertrag ohne VOB/B-Einbezug?

Wie bereits erwähnt, handelt es sich beim BGB-Werkvertrag um einen vollwertigen Vertrag, welcher den gesetzlichen Regelungen der §§ 631 BGB bis 651 BGB unterliegt. Der VOB-Werkvertrag ergänzt diese Regelungen, jedoch an manchen Stellen durchaus mit erheblicher Wirkung.

### DIE VERJÄHRUNG

In der VOB/B wird abweichend von den Vorschriften des BGB in § 13 Absatz 4 VOB/B eine Verjährungsdauer von vier Jahren geregelt. Die Verjährung beginnt mit der Abnahme. Bei BGB-Werkverträgen beträgt die Verjährungszeit für Mängel an Bauwerken dagegen gemäß § 634 a Absatz 1 Nr. 2 BGB grundsätzlich fünf Jahre, beginnend mit der Abnahme (siehe Seite 102).

**Beispiel**

Handwerksunternehmen B. ließ sich vom Fertighaushersteller F-Bau ein neues Geschäftsgebäude errichten. Vier Jahre und sechs Monate nach der Abnahme zeigen sich Mängel an den Betonarbeiten, es entstehen Risse. Die Geltung der VOB/B wurde vereinbart. Der Werkunternehmer beruft sich auf Verjährung. Zu Recht? Wahrscheinlich. Der Werkunternehmer kann sich aller Voraussicht nach auf Verjährung berufen, sodass die Mängel von ihm nicht zu beheben sind.

# MASSENÄNDERUNG BZW. MEHRMENGE

Die Besonderheit beim VOB/B-Werkvertrag liegt darin, dass bei Mehrmengen einer der Beteiligten verlangen kann, den Einheitspreis zu ändern.

**Beispiel**

Werkunternehmer W. soll eine Mauer errichten. Er kalkuliert im Angebot 230 qm.

| Position | Menge | Bezeichnung | Einheitspreis € | Positionspreis € |
|---|---|---|---|---|
| 1 | 230 | Mauerwerk/Beton | 30,00 | 6.900,00 |

Die Beteiligten vereinbaren einen VOB/B-Werkvertrag, und zwar als Einheitspreisvertrag. Bei Ausführung stellt W. fest, dass es sich tatsächlich um 290 qm handelt, und rechnet diese Menge auch ab.

| Position | Menge | Bezeichnung | Einheitspreis € | Positionspreis € |
|---|---|---|---|---|
| 1. | 290 | Mauerwerk/Beton | 30,00 | 8.700,00 |

Bauherr B. verlangt von W. eine Anpassung des Einheitspreises. Er ist der Ansicht, dass W. zwar nunmehr eine höhere Vergütung beanspruchen könne, er habe aber auch durch die erhöhte Menge das Material wahrscheinlich günstiger einkaufen können. B. verlangt deshalb eine Senkung des Einheitspreises von 30 Euro pro Einheit auf 25 Euro. Zu Recht? Jein.

Gemäß § 2 Absatz 3 Nr. 2 VOB/B kann bei VOB/B-Werkverträgen von einem der Beteiligten eine Anpassung des Einheitspreises verlangt werden, wenn die erbrachte Leistung um mehr als 10 Prozent vom im Vertrag vorgesehenen Umfang abweicht. Der Bauherr kann also grundsätzlich eine Anpassung des Einheitspreises verlangen. Er kann diesen aber nicht einseitig auf 25 Euro festlegen. Vielmehr wird der neue Einheitspreis unter Berücksichtigung der Kalkulation des Handwerkers erst zu ermitteln sein. Ob dieser tatsächlich niedriger ist als der ursprünglich kalkulierte, bleibt abzuwarten.

Umgekehrt kann auch gemäß § 2 Absatz 3 Nr. 3 VOB/B der Einheitspreis angepasst werden, wenn sich die Massen im Vergleich zu den ursprünglich kalkulierten Massen verringert haben. In diesen Fällen ist zum Beispiel eine Erhöhung des Einheitspreises möglich. Bei BGB-Werkverträgen ist eine solche Anpassung der Einheitspreise grundsätzlich nicht möglich, es sei denn, es erfolgte eine ausdrückliche vertragliche Bestimmung.

## DAS EINSEITIGE LEISTUNGS-BESTIMMUNGSRECHT

Der VOB/B-Werkvertrag räumt gemäß § 1 Absatz 3 VOB/B dem Bauherrn die Möglichkeit ein, den Bauentwurf einseitig zu ändern. Hierzu gehören alle Vorgaben für die bautechnische Leistung des Handwerkers. Der Bauherr kann also das Leistungsverzeichnis, die Baupläne, Berechnungen, Muster etc. einseitig im Zuge des Bauverlaufs ändern. Diese geänderten Leistungen muss der Handwerker dann ausführen. Der Handwerker ist allerdings nicht verpflichtet, Leistungen zu erbringen, auf die sein Betrieb nicht eingerichtet ist. Übt der Bauherr sein Anordnungsrecht aus, ist ein neuer Preis für seine Vergütung unter Berücksichtigung der Mehr- oder Minderkosten zu vereinbaren.

Bei einem BGB-Werkvertrag dagegen ist der Unternehmer nicht zur Ausführung von geänderten Leistungen verpflichtet. Der Handwerker schuldet schlicht und einfach dasjenige, was vereinbart war. Ein einseitiges Anordnungsrecht durch den Besteller gibt es nicht. Anders kann sich der Sachverhalt darstellen, wenn lediglich geringfügige Änderungen gewünscht sind. Freilich wird der Handwerker in vielen Fällen den Änderungswünschen seiner Kundschaft nachkommen.

Zusätzlich räumt § 1 Abs. 4 VOB/B Ihnen als Bauherrn das Recht ein, vom Handwerker die Ausführung von zusätzlichen Leistungen zu verlangen. Dies allerdings nur dann, wenn zusätzliche Leistungen zur Erbringung der ursprünglichen Leistung erforderlich werden und der Betrieb des Handwerkers auf die zusätzlichen Leistungen auch eingerichtet ist.

Der Handwerker erhält in diesen Fällen einen Anspruch auf eine besondere Vergütung. Er muss jedoch gemäß § 2 Absatz 6 Satz 2 VOB/B vor Ausführung der zusätzlichen Leistungen dem Auftraggeber mitteilen, dass er einen Anspruch auf Mehrvergütung hat. Unterlässt er diese Mitteilung (was sehr häufig vorkommt), ist der Streit über die Vergütung programmiert. Der Handwerker wird sich auf den Standpunkt stellen, es sei doch „logisch", dass ein weiterer Vergütungsanspruch entsteht. Der Bauherr kann dagegen argumentieren, das sei es keineswegs. Der Bundesgerichtshof jedenfalls hat entschieden, dass der Mehrvergütungsanspruch nur dann entsteht, wenn er vor Leistungserbringung der Zusatzarbeiten auch dem Bauherrn angekündigt wurde. Dies birgt erhebliches Konfliktpotenzial!

**04**

Das BGB wiederum kennt eine solche Möglichkeit der einseitigen Bestimmung von zusätzlichen Leistungen durch den Bauherrn nicht. Wurde demnach ein BGB-Werkvertrag geschlossen, ist der Werkunternehmer nicht zur Ausführung von zusätzlichen Leistungen verpflichtet.

## DIE MÖGLICHKEIT ZUR KÜNDIGUNG BEI INSOLVENZ DES AUFTRAGNEHMERS

Die VOB/B ermöglicht es ihrem Wortlaut nach in § 8 Absatz 2 VOB/B im Fall der Insolvenz des Handwerkers, den Vertrag aus wichtigem Grund zu kündigen (siehe auch Seite 152).

Dabei muss aber berücksichtigt werden, dass Entscheidungen existieren, welche der Auffassung sind, diese Vorschrift würde das Recht des Insolvenzverwalters, den Bau möglicherweise fortzuführen (siehe Seite 153), zu stark einschränken. Deshalb können Sie sich als Bauherr nicht voll und ganz auf die Vorschrift verlassen, was zur Folge hat, dass im Fall einer Insolvenz Fristen zur weiteren Ausführung gesetzt werden müssen. Wenn diese nicht eingehalten werden, kann der Auftrag erst dann entzogen werden.

Im BGB-Werkvertragsrecht ist eine solche außerordentliche Kündigungsmöglichkeit nicht geregelt.

## KLAR DEFINIERTE KÜNDIGUNGSMÖGLICH-
## KEITEN IN DER VOB/B

Insgesamt ist festzuhalten, dass die VOB/B genauer als das BGB regelt, wann ein Werkvertrag unter welchen Voraussetzungen zu beenden und wie zu verfahren ist, wenn zum Beispiel Ausführungsfristen nicht eingehalten werden.

Gemäß § 8 Absatz 3 Satz 1 VOB/B besteht ein Kündigungsrecht des Bauherrn, wenn der Handwerker seine Arbeiten nicht beginnt oder mit der Ausführung in Verzug gerät. Er muss hierfür aber zwingend dem Handwerker gemäß § 5 Absatz 4 VOB/B eine Frist zum Beginn bzw. Fertigstellung der Arbeiten nennen und ihm ankündigen, dass er im Fall der Fristversäumnis den Auftrag entzieht.

**Beispiel**

Im VOB/B-Werkvertrag wurde vereinbart, dass die Leistungen innerhalb bestimmter Kalenderwochen fertigzustellen sind. Der ausführende Handwerker H. hat sich mit einer anderen Baustelle zeitlich verkalkuliert und kann die Leistungen nunmehr nicht vertragsgemäß beginnen und demzufolge keine der Fristen einhalten. Der Bauherr B. fordert H. in Schriftform auf, die Leistungen bis zu einem bestimmten Datum fertigzustellen. Macht B. etwas falsch? B. hat völlig zu Recht H. aufgefordert, die Leistungen innerhalb einer von ihm gesetzten Frist fertigzustellen. Er hat jedoch nicht angekündigt, dass er, falls die Leistungen nicht innerhalb der gesetzten Frist erledigt werden, den Auftrag entzieht. Eine solche qualifizierte Ankündigung muss im VOB/B-Werkvertrag zwingend erfolgen. B. kann sich nunmehr nicht einfach vom Vertrag lösen, da er Gefahr läuft, dass seine Kündigung möglicherweise als „freie Kündigung" (siehe Seite 96) behandelt wird – mit der Folge, dass H. sämtliche Vergütungsansprüche erhalten bleiben. B. muss H. erneut eine Frist setzen, diesmal mit Androhung der Auftragsentziehung.

Erkennt der Bauherr schon während der Ausführung (also vor der Abnahme), dass die Leistungen mangelhaft ausgeführt werden, kann er gemäß § 4 Absatz 7 VOB/B eine Frist zur Mängelbehebung setzen. Verstreicht die Frist, kann er den Auftrag entziehen.

Im BGB-Werkvertrag besteht dieses Recht nicht ohne Weiteres, der Besteller muss sich bis zur Abnahme gedulden, es sei denn, es besteht die Gefahr, dass Nachfolgegewerke beeinträchtigt werden (siehe Seite 74).

Die VOB/B bestimmt in § 4 Absatz 8 VOB/B, dass der Handwerker seine Leistungen im eigenen Betrieb auszuführen hat. Die Übertragung auf Nachunternehmer ist anders als im BGB-Werkvertrag nicht ohne Weiteres möglich. Verstößt der Handwerker gegen diesen Grundsatz, können Sie als Bauherr dem Handwerker nach § 4 Absatz 8 Satz 3 VOB/B eine Frist zur Aufnahme der Leistung im eigenen Betrieb setzen. Kommt der Handwerker dem nicht nach, können Sie gemäß § 8 Absatz 3 Satz 1 VOB/B den Auftrag entziehen.

## DIE ABNAHME

Der Abnahme kommt eine besondere Bedeutung zu (siehe Seite 55). Erst mit der Abnahme ist der Werklohnanspruch des Handwerkers fällig. Es kann sich für den Handwerker langwierig gestalten, die Abnahme durchzuführen. Die VOB/B räumt aus diesem Grund dem Handwerker in § 12 Absatz 5 VOB/B die Möglichkeit ein, durch ein bloßes Schreiben die Wirkung der Abnahme herbeizuführen. Dann wird er Ihnen als Bauherrn schriftlich mitteilen, dass seine Arbeiten fertiggestellt sind. Nach Ablauf von 12 Tagen gilt das Werk dann als abgenommen, wenn keine Reaktion erfolgt. Eine vergleichbare Regelung enthält das BGB nicht.

**Kurze Frist beachten**

Geben Sie bei einem VOB/B-Werkvertrag acht. Teilt Ihnen der Handwerker mit, dass seine Leistungen beendet sind, gilt das Werk 12 Tage später als abgenommen. Rügen Sie bestehende Mängel innerhalb dieser Frist!

## DIE MÄNGELRÜGE

Treten nach Bauausführung in der Gewährleistungsphase (siehe Seite 105) Mängel auf, werden diese vom Bauherrn gerügt. Haben Sie einen VOB/B-Werkvertrag geschlossen, muss die Mängelrüge zwingend in Schriftform erfolgen. Eine E-Mail reicht hierfür nicht aus. Eine solche Mängelrüge bewirkt beim VOB/B-Werkvertrag gemäß § 13 Absatz 5 Satz 2 VOB/B, dass für die gerügten Mängel eine neue Verjährungszeit von zwei Jahren beginnt, und zwar nach Zugang der schriftlichen Mängelrüge (siehe Seite 76). Die Verjährung im VOB/B-Werkvertrag kann sich damit im Ergebnis deutlich verlängern, was eine wesentliche Vereinfachung für Bauherren darstellt. Schließlich zeigen sich Mängel oft erst kurz vor Beendigung des Gewährleistungszeitraumes, durch den Neubeginn der Verjährungsfrist müssen dann nicht zwingend verjährungshemmende Maßnahmen wie zum Beispiel die Klageerhebung oder die Einleitung eines selbstständigen Beweisverfahren unternommen werden, wie das im BGB-Werkvertrag der Fall ist.

Zu Beginn der regulären Verjährungszeit bei VOB/B-Werkverträgen (vier Jahre) wirkt sich das noch nicht besonders aus.

**Beispiel**

Das Bauwerk wurde 2008 abgenommen und auch die Schlussrechnung 2008 gestellt. Am 31. Dezember 2012 verjähren damit grundsätzlich die Mängelansprüche. 2009 rügt Bauherr H. schriftlich Mängel, welche auch 2009 behoben werden. Die Regelfrist endet erst 2012, die (neue) Zweijahresfrist nach Abnahme der Nachbesserungsarbeiten wirkt sich nicht aus.

Von Bedeutung wird § 13 Absatz 5 Satz 2 VOB/B erst dann, wenn zum Ende der Verjährungsfrist Mängel gerügt werden und Nachbesserungsarbeiten erfolgen.

**Beispiel**

Das Bauwerk wurde 2008 abgenommen und auch die Schlussrechnung 2008 gestellt. Am 31. Dezember 2012 verjähren damit grundsätzlich die Mängelansprüche. Im Dezember 2012 rügt Bauherr B. schriftlich Mängel. Seine Mängelbeseitigungsansprüche verjähren demnach erst im Dezember 2014.

**04**

Im BGB-Werkvertrag bewirkt die schriftliche Mängelrüge keine Verlängerung der Verjährungsfrist. Die bloße schriftliche Mängelrüge reicht nicht aus. Zusätzlich müssen dann noch verjährungshemmende Maßnahmen ergriffen werden, beispielsweise eine Feststellungsklage oder ein selbstständiges Beweisverfahren (siehe Seite 139).

# ERNEUTE FRIST ZUR VERJÄHRUNG VON NACHBESSERUNGSARBEITEN NACH ERFOLGTER ABNAHME

In § 13 Absatz 5 Satz 3 VOB/B wird zusätzlich bestimmt, dass für die Nachbesserungsarbeiten nach deren Abnahme ebenfalls eine neue Verjährungsfrist von zwei Jahren entsteht.

**Beispiel**

Das Bauwerk wurde 2008 abgenommen und auch die Schlussrechnung 2008 gestellt. Am 31. Dezember 2012 verjähren damit grundsätzlich die Mängelansprüche. Im Dezember 2012 rügt Bauherr B. schriftlich Mängel. Seine Mängelbeseitigungsansprüche verjähren durch die Mängelrüge demnach erst im Dezember 2014. Wenn Handwerker H. im November 2014 die Nachbesserungsarbeiten durchführt und diese im November 2014 abgenommen werden, verjähren Mängelansprüche von B. in Bezug auf diese Nachbesserungsarbeiten erst im November 2016. Damit läuft die Gewährleistungszeit effektiv von 2008 bis 2016.
Im BGB kommt es darauf an, ob der Handwerker die Mängel anerkannt hat. Ist dies der Fall, beginnt für die nachgebesserten Mängel eine erneute Verjährungsfrist innerhalb der Fristen des § 643 a BGB (siehe Seite 106).

## DIE PRÜFBARKEIT DER SCHLUSSRECHNUNG

Die VOB/B stellt an eine Schlussrechnung, die der Handwerker stellt, höhere Anforderungen, denn die Schlussrechnung des Handwerkers wird immer nur dann fällig, wenn eine prüfbare Abrechnung gemäß § 14 Absatz 1 VOB/B erfolgt. Hierzu gehört nicht lediglich die Schlüssigkeit der Rechnung, wie im BGB-Werkvertrag (siehe Seite 64), sondern es müssen in jedem Fall Aufmaße beigefügt und auch Stundenlohnzettel vorgelegt werden.

Sie können als Bauherr verlangen, dass ein gemeinsames Aufmaß genommen wird. Das vermeidet Streitigkeiten bei der Schlussrechnung über die Fläche.

**Neue Fristsetzung beachten**

Bei einem VOB/B-Werkvertrag laufen gemäß § 16 Absatz 3 VOB/B Notfristen, innerhalb derer Sie als Bauherr die mangelnde Prüffähigkeit der Schlussrechnung rügen müssen. Die Fristen des § 16 Absatz 3 VOB/B wurden im Sommer 2012 geändert, aus diesem Grund ist Vorsicht bei veralteten Informationen, zum Beispiel auf Internetseiten, geboten. Der Bauherr hat nunmehr nach dieser Vorschrift 30 Tage nach Zugang der Schlussrechnung Gelegenheit, die mangelnde Prüffähigkeit zu rügen. Die Frist kann sich auf 60 Tage verlängern, wenn dies zum einen sachlich gerechtfertigt ist und zum anderen ausdrücklich vereinbart wurde. Es empfiehlt sich dringend, entweder die 30-Tagesfrist zu wahren oder eine Verlängerungsabrede per Individualvereinbarung (siehe Seite 53) zu treffen.

## DIE SCHLUSSZAHLUNGSEINREDE

Wie bereits ausgeführt, können im BGB-Werkvertrag im Rahmen der Verjährungsvorschriften nach Schlussrechnungsstellung noch weitere Zahlungen durch den Werkunternehmer beansprucht werden. Die VOB/B räumt in § 16 Absatz 3 Nr. 2 VOB/B die Möglichkeit ein, durch eine vorbehaltlose Annahme der Schlusszahlung weitere Ansprüche des Werkunternehmers auszuschließen. Hierfür müssen Sie als Bauherr zunächst zu erkennen geben, dass Sie eine abschließende Zahlung leisten wollen. Sie sollten also zum Beispiel das Wort „Schlusszahlung" oder „Restzahlung" verwenden. Außerdem müssen Sie dem Handwerker mitteilen, dass Ihre Zahlung für ihn eine Ausschlusswirkung hat, er also keine weiteren Rechnungen mehr anmelden kann. Der Handwerker muss dann innerhalb von 28 Tagen gemäß § 16 Absatz 3 Nr. 5 VOB/B einen Vorbehalt bezüglich etwaiger noch folgender Ansprüche erklären. Unterlässt er diesen Vorbehalt, kann er keine weiteren Zahlungsansprüche nach Ablauf der 28-Tage-Frist gegen den Bauherrn geltend machen. Innerhalb einer weiteren Frist von 28 Tagen muss der Handwerker dann entweder eine prüfbare Rechnung über den vorbehaltenen Betrag erstellt haben oder den Vorbehalt eingehend begründen.

# FÜR WELCHEN VERTRAGSTYP SOLL ICH MICH ALS BAUHERR ENTSCHEIDEN?

Sie sind als privater Bauherr mit einem BGB-Werkvertrag gut bedient. VOB/B-Werkverträge empfehlen sich zur Vereinheitlichung für Spezialisten, gerade im gewerblichen Sektor. Für Sie als privaten Bauherr kommt es nicht darauf an, die VOB/B miteinzubeziehen, sondern den Werkvertrag für Ihre individuellen Bedürfnisse mit günstigen und wirksamen Individualvereinbarungen zu optimieren. Hierbei hilft auch die VOB/B nicht weiter.

## EINBEZUG DER VOB/B AUF WUSCH DES BAUHERRN

Wenn Sie als Bauherr explizit die Geltung der VOB/B wünschen und darüber mit dem Handwerker schriftlich eine Individualvereinbarung schließen, werden die §§ 1 bis 18 mit sämtlichen Absätzen der VOB/B Vertragsbestandteil. Machen Sie sich klar, dass dies gerade für Bauherren, welche bauunerfahren sind, nicht vorteilhaft ist. Denn:

- Sie verkürzen gemäß § 13 Absatz 4 VOB/B völlig unnötig die Gewährleistungszeit von fünf auf vier Jahre.
- Die neu einsetzende Verjährungszeit für nachgebesserte Arbeiten von zwei Jahren gemäß § 13 Absatz 5 Nr. 1 Satz 3 VOB/B stellt ebenfalls einen Nachteil dar. Im BGB-Werkvertrag kann bei einem anerkannten Werkmangel für dessen Beseitigungsarbeiten eine Frist von bis zu fünf Jahren neu entstehen.
- Sie müssen sich sehr genau an die Vorschriften der VOB/B halten und auch die Form dafür wahren. Beginnt etwa ein Handwerker seine Arbeiten zu den vereinbarten Zeitpunkten nicht, reicht es nicht, diesen einfach zu mahnen. Sie müssen auch gemäß § 5 Absatz 4 VOB/B den Entzug des Auftrags ankündigen. Unterlassen Sie das, war die Mahnung umsonst.
- Auch die Möglichkeit des Handwerkers, Ihnen einfach die Fertigstellung seiner Arbeiten mitzuteilen, was dann nach 12 Tagen eine Abnahme bewirkt, wenn Sie sich nicht melden, setzt Sie als Bauherrn unter Zugzwang. Hier gilt Ihr Schweigen dann als Abnahme, obwohl der Handwerker Ihnen lediglich die Fertigstellung der Arbeiten mitgeteilt hat und Sie noch nicht einmal zur Abnahme aufgefordert wurden! Nicht der Handwerker sollte das Tempo einer Auseinandersetzung vorgeben.
- Eine Mängelrüge in der VOB/B nach § 13 Absatz 5 Satz 1 VOB/B bedarf immer der Schriftform, eine E-Mail reicht nicht aus. Hätten Sie das gewusst? Überprüfen Sie kritisch, ob Sie mit der VOB/B tatsächlich zurechtkommen würden.
- Bei einem BGB-Vertrag hat der Handwerker seine Leistung alsbald zu erbringen (siehe Seite 93). Bei einem VOB/B-Vertrag müssen Sie nach § 5 Absatz 2 Satz 2 VOB/B den

Handwerker erst zur Leistung auffordern. Sind Ihnen solche Feinheiten vertraut?

- Gemäß § 13 Absatz 6 VOB/B kann bei einer unverhältnismäßig teuren Nachbesserung der Bauherr nur die Vergütung mindern. Im BGB-Werkvertrag könnte unter Umständen ein Recht zum außerordentlichen Rücktritt bestehen. Hier können Sie als Bauherr benachteiligt werden.

- Gemäß § 15 Absatz 3 Satz 3 VOB/B gelten Stundenlohnzettel, gegen die Sie als Bauherr nicht innerhalb von sechs Tagen Einspruch erheben, als anerkannt. Der Werkunternehmer muss hierauf nicht explizit hinweisen. Hätten Sie das gewusst?

Diese Liste ist noch nicht einmal abschließend. Bitte verdeutlichen Sie sich also, dass die VOB/B, wenn sie denn vereinbart werden soll, gekannt und angewendet werden muss. Ansonsten drohen sogar Rechtsnachteile gegenüber dem BGB-Werkvertrag.

Auch die Vorteile der VOB/B wiegen diese Gefahren nicht auf. Denn: Das einseitige Leistungsanordnungsrecht kann zwar bei zusätzlich erforderlichen Arbeiten für Sie als Bauherrn vorteilhaft sein, da längere Diskussionen mit dem Handwerker, ob er die Leistungen ausführen muss oder nicht, entfallen. Andererseits wird in einem regulären BGB-Werkvertrag dem Handwerker ebenfalls daran gelegen sein, dass Sie als Auftraggeber zufrieden sind. Er wird zusätzliche Leistungen (wie auch im VOB/B-Werkvertrag) gegen entsprechende Bezahlung in der Regel gern ausführen.

Die Möglichkeit, den VOB/B-Werkvertrag bei Insolvenz schnell beenden zu können, ist wie bereits beschrieben nur auf den ersten Blick ein Vorteil der VOB/B. Dabei muss nämlich berücksichtigt werden, dass Entscheidungen existieren, welche der Auffassung sind, diese Vorschrift würde das Recht des

Insolvenzverwalters, den Bau möglicherweise fortzuführen zu stark beschneiden.

Ein klarer Vorteil ist die Verlängerung der Verjährungsfrist um zwei Jahre im VOB/B-Werkvertrag bei einer Mängelrüge. Wenn Sie darauf großen Wert legen, können Sie eine solche Vereinbarung jedoch auch im BGB-Werkvertrag als Individualvereinbarung treffen.

**Tipp**
Regeln Sie in Ihrem Bauvertrag deutlich, dass es sich ausschließlich um einen BGB-Werkvertrag handelt.

Auch die zwingende Schlussrechnung (prüffähig) im VOB/B-Werkvertrag ist nur auf den ersten Blick ein stichhaltiger Vorteil des VOB/B-Werkvertrags. Denn auch eine Abrechnung im BGB-Werkvertrag muss schlüssig sein, das bedeutet nachvollziehbar für den Bauherrn, was einen Nachweis über tatsächlich erbrachte Leistungen beinhaltet (siehe Seite 64). Die Möglichkeit der Schlusszahlungseinrede nach § 16 Absatz 3 Nr. 2 VOB/B ist zwar ein Vorteil für Sie als Bauherrn, jedoch kennen Handwerker oftmals diese Möglichkeit und melden den Vorbehalt rechtzeitig an.

Nach alledem wird unerfahrenen Bauherrn dringend von der Verwendung der VOB/B abgeraten.

## EINBEZUG DER VOB/B UNTER VERWENDUNG DURCH DEN WERKUNTERNEHMER

Da Sie nun wissen, dass die VOB/B für Sie als privaten Häuslebauer sogar nachteilig sein kann, sollten Sie sich die VOB/B auch nicht vom Handwerker unterschieben lassen. Der Werkunternehmer wird oftmals Sätze im Vertrag haben, welche in etwa lauten: „Es gilt die VOB/B in der neuesten Fassung". Solche Passagen führen nicht zu einem wirksamen Einbezug der VOB/B.

## Der Einbezug der VOB/B

Der Handwerker kann nicht einfach bestimmen, dass die VOB/B Geltung erlangt. Ihnen muss nämlich als Bauherrn durch den Handwerker die Möglichkeit zur Kenntnisnahme eingeräumt werden. Zur Erinnerung: Bei der VOB/B handelt es sich um allgemeine Geschäftsbedingungen, diese können nur gelten, wenn sie dem Auftraggeber entweder bekannt sind oder dieser sich hätte Kenntnis verschaffen können. Das geht nicht so weit, dass der Handwerker die VOB/B zwingend dem Auftraggeber in gedruckter Form aushändigen muss. Ein bloßer Hinweis des Handwerkers dahingehend, dass die VOB/B „auf Verlangen" ausgehändigt wird, reicht aber ebenso wenig. Vielmehr muss die VOB/B entweder tatsächlich zur Einsicht ausgelegt werden, und zwar dort, wo der Vertrag geschlossen wurde. Oder tatsächlich übergeben werden, beispielsweise durch Ausleihen.

Der oben aufgeführte Beispielsatz führt also ohne weitere Einbeziehungshandlung nicht zu einem Einbezug der VOB/B. Streichen Sie diesen Satz einfach und erklären dem Handwerker die Rechtslage!

**Andere Regelung gegenüber Profis**

Werden Sie durch einen Architekten oder Bauingenieur gegenüber dem Handwerker vertreten, muss diesem die VOB/B nicht übergeben werden, da er ja sachkundig ist.

## Die Geltung der VOB/B als Ganzes

Möglicherweise haben Sie Ihren Werkvertrag bereits geschlossen und es wurde die VOB/B durch den Werkunternehmer wirksam einbezogen, indem Ihnen auch ein Exemplar übergeben wurde. Überraschen Sie Ihren Vertragspartner, indem Sie ihm erklären, dass selbst dann die VOB/B nur teilweise gilt, und zwar zu Ihren Gunsten. Was bedeutet das?

Früher ging man davon aus, dass die VOB/B ein ausgewoge-
nes Regelwerk darstellt, welche sowohl zugunsten des Bauherrn als auch des Handwerkers bestimmte Regelungen trifft.
Wenn die VOB/B durch wirksame Einbeziehungshandlung
des Werkunternehmers als Ganzes in den Vertrag einbezogen wurde, galten somit sämtliche ihrer Bestimmungen, ohne
dass die einzelnen Bestimmungen noch einmal rechtlich geprüft wurden. Daran hat sich zwar grundsätzlich nichts geändert, der Bundesgerichtshof hat allerdings in einer aufsehen-
erregenden Entscheidung vom 24. Juli 2008, Az. VII ZR 55/07,
festgestellt, dass private Bauherren (Verbraucher) besonders
schützenswert sind, da sie in Bezug auf Bauleistungen in der
Regel besonders unerfahren sind.

Dies führt zu folgender Konsequenz: Während nach alter
Rechtslage die VOB/B als Ganzes zwischen Handwerker und
privatem Bauherr vereinbart werden konnte (und damit die
VOB/B insgesamt galt), werden nach neuer Rechtslage sämtliche Bestimmungen der VOB/B einer Prüfung über die Wirksamkeit der einzelnen Regelungen nach dem Recht der Allgemeinen Geschäftsbedingungen zugeführt.

**Beispiel 1**

2007 schlossen Bauherr B. und Handwerker H. einen Bauvertrag. Darin
regelte H. in einer allgemeinen Geschäftsbedingung, dass die Bestimmungen der VOB/B gelten sollten. H. übergab B. nachweislich die VOB/B zur
Kenntnis. In diesem Fall war die komplette VOB/B mit allen 18 Paragra-
phen vereinbart, und diese galten dann auch.

**Beispiel 2**

H. und B. schlossen den Vertrag im Jahr 2013. Sämtliche Bestimmungen
der VOB/B werden nunmehr einzeln auf ihre Wirksamkeit geprüft, was
zur Folge hat, dass nur noch bestimmte Vorschriften der VOB/B gelten,
obwohl diese doch „als Ganzes" vereinbart wurde. Wie wirkt sich das aus?
Sämtliche Bestimmungen der VOB/B werden nunmehr einzeln auf ihre
Wirksamkeit überprüft. Für Sie als Bauherrn bedeutet das, dass beispielsweise die Bestimmung der VOB/B, wonach eine Verjährungszeit von vier
Jahren gilt, unwirksam ist.

**Beispiel 3**

Der private Bauherr P. beauftragt den Fertighaushersteller F-Bau. Vier Jahre und sechs Monate nach der Abnahme zeigen sich Mängel an den Betonarbeiten. Die VOB/B wurde wirksam durch F-Bau als allgemeine Geschäftsbedingung miteinbezogen. Kann sich der Werkunternehmer auch nunmehr gegenüber dem Privatmann auf Verjährung berufen? Zwar hat sich am Wortlaut der VOB/B-Vorschrift nichts geändert, sodass nach wie vor grundsätzlich eine Verjährungszeit von vier Jahren gilt. Zugunsten von Verbrauchern greift allerdings folgende Einschränkung, nämlich dass die VOB/B nicht als Ganzes gilt, sondern dass jede einzelne Bestimmung daraufhin zu untersuchen ist, ob sie den Vertragspartner unangemessen benachteiligt. Da die VOB/B die Gewährleistungszeit von fünf Jahren (BGB) auf vier Jahre (VOB/B) verkürzt, wird diese Bestimmung gegenüber Verbrauchern nach weit verbreiteter Ansicht als unwirksam betrachtet, mit der Folge, dass die Gewährleistungszeit fünf Jahre beträgt. Damit wird klar, dass sich der Unterschied bei der Verjährung nur bei Handwerksunternehmen bemerkbar macht. Für private Bauherren gilt eine Verjährungszeit von fünf Jahren.

Also: Wenn Sie als privater Bauherr einen Vertrag geschlossen haben, in welchem durch allgemeine Geschäftsbedingung die VOB/B „als Ganzes" einbezogen werden sollte, muss Ihnen klar sein, dass sämtliche einzelne Regelungen der VOB/B auf ihre Wirksamkeit hin geprüft werden. Die Rechtslage ist unübersichtlich und ständig in Veränderung begriffen.

---

Zusammengefasst: Die VOB/B sollte Profis überlassen werden. Wenn Sie aber Gründe für deren Einbezug haben, etwa weil Sie sich in Bausachen gut auskennen, können Sie die Geltung der VOB/B vereinbaren, es gelten dann die Bestimmungen 1 bis 18 der VOB/B mit sämtlichen Absätzen. Wenn der Handwerker Verwender der VOB/B ist, er also deren Einbezug wünscht, gelten Ihnen gegenüber als privatem Bauherrn Einschränkungen. Zunächst muss Ihnen die Möglichkeit der Kenntnisnahme verschafft werden. Dann ist es so, dass einzelne Bestimmungen der VOB/B Ihnen gegenüber gar nicht wirksam sind.

Verwendet der Unternehmer den Zusatz in einer allgemeinen Geschäftsbedingung, dass die VOB/B als Gan-

**Tipp**

Einzelne Vorschriften der VOB/B sind durchaus sinnvoll für Sie, beispielsweise das einseitige Leistungsbestimmungsrecht. Vereinbaren Sie solche Passagen einfach in Ihrem BGB-Werkvertrag.

zes gelten soll, streichen Sie diesen Passus. Er ist sinnlos, weil die VOB/B wie dargestellt mit Ihnen als privatem Bauherrn (zumindest als allgemeine Geschäftsbedingung) gar nicht als Ganzes vereinbart werden kann, wenn der Bauunternehmer Verwender ist, also auf seine Initiative hin die VOB/B einbezogen werden soll.

An den „Einzelbruchstücken", die bei einer solchen Vereinbarung von der VOB/B noch übrig bleiben, brauchen Sie kein Interesse zu haben. Im Gegenteil: Lassen Sie es zu, dass die Klausel „Es gilt die VOB/B in der neuesten Fassung" so vom Handwerker verwendet wird und kann der Handwerker nachweisen, dass er Ihnen die VOB/B übergeben hat, droht wegen der aufgezeigten Rechtslage in einem möglichen Prozess eine dogmatische Auseinandersetzung darüber, welche Vorschriften der VOB/B eigentlich gelten. Hierüber können Baurechtler leidenschaftlich, teuer und lange streiten, und zwar bis zum Bundesgerichtshof. Dies führt zu einer völlig unnötigen Verzögerung des Rechtsstreits.

# BAUVERTRAGLICHE ANSPRÜCHE UND WIE MAN SIE DURCHSETZT

**05**

R echt haben ist das eine – Recht bekommen das andere. Sie erfahren, wie Sie Ihre Ansprüche geschickt durchsetzen können, auch gegen mehrere Gegner, beispielsweise den Architekten und den ausführenden Werkunternehmer.

# ANSPRÜCHE GEGEN WEITERE AM BAU BETEILIGTE

Bei den wenigsten Bauvorhaben haftet für auftretende Mängel nur der ausführende Unternehmer. Gerade bei komplexeren Bauwerken ist eine Vielzahl von Beteiligten vorhanden, die neben dem ausführenden Unternehmer ebenfalls haftbar sind. Das Gesetz hat daher zur Vereinfachung für Bauherren das System der sogenannten Gesamtschuldnerschaft übernommen. Was bedeutet das? Unter Gesamtschuldnerschaft ist zu verstehen, dass es mehrere Schuldner gibt, welcher jeder für sich hinsichtlich des gesamten Betrags haftet.

**Beispiel**

Bauherr B. hat einen Schaden von 80.000 Euro am Mauerwerk. Dieser ist auf die fehlerhafte Planung des Architekten A. und Ausführungsfehler des Werkunternehmers W. zurückzuführen. Beide haften grundsätzlich für den gesamten Betrag im Verhältnis zu B.

An welchen der Schuldner sich der Gläubiger wendet, bleibt ihm überlassen. Der in Anspruch genommene Schuldner muss die gesamte Leistung bewirken, er hat im Innenverhältnis zum anderen Gesamtschuldner aber einen Ausgleichsanspruch.

**Beispiel**

Bauherr B. wendet sich wegen eines Mangels an den Werkunternehmer und an den Architekten. Diese Vorgehensweise stellt für ihn einen Vorteil dar. Sind Mängel aufgetreten, haftet in vielen Fällen nicht nur der Handwerker, sondern neben ihm gemeinsam der Architekt oder der Bauleiter. B. kann sich also wahlweise an den Werkunternehmer oder den Architekten oder den Bauleiter wenden und einem der Beteiligten gegenüber die (gesamte) Forderung gegenüber geltend machen. Im Verhältnis zum Bauherrn muss der einzelne Gesamtschuldner, beispielsweise der Architekt, dann den gesamten Schaden ausgleichen, unabhängig davon, dass er den Schaden möglicherweise nicht allein verursacht hat. Es ist also immer sorgfältig zu prüfen, welche Personen außer dem Handwerker am Bau beteiligt waren, ob diese auch haften und ob ein Gesamtschuldverhältnis besteht.

**05**

## UNTERSCHIEDLICHE VERJÄHRUNGSFRISTEN BEACHTEN

Wichtig für die Praxis: In manchen Fallkonstellationen verjähren Ansprüche gegen den Architekten zu einem späteren Zeitpunkt als gegen den Werkunternehmer, beispielsweise weil die Abnahme der Werkleistung zeitlich vor der Abnahme der Architektenleistung lag oder umgekehrt. In einem solchen Fall ist die gesamtschuldnerische Haftung für Sie als Bauherrn wichtig, da Sie auf diesem Weg möglicherweise doch noch (grundsätzlich verjährte) Ansprüche durchsetzen können. Prüfen Sie die genauen Verjährungsfristen bei sämtlichen Verträgen! Architektenverträge enthalten üblicherweise Regelungen zur Gesamtschuld. Prüfen Sie, ob Sie dadurch benachteiligt werden.

## DER ARCHITEKT

Für viele Bauvorhaben benötigt man einen Architekten. Dieser erledigt die Planung, sorgt für die behördlichen Genehmigungen und überwacht die fehlerfreie Ausführung des Bauvorhabens. Die HOAI (Honorarordnung für Architekten und Ingenieure) unterscheidet neun Leistungsphasen. Mit dem Architekten schließen Sie einen Werkvertrag ab (siehe Seite 34). Selbstverständlich haftet der Architekt für Fehler in der Planung.

**Beispiel**

Bauherr B. beauftragt den Architekten A. mit der Entwurfsplanung seines neu zu errichtenden Wohn- und Praxisgebäudes. Die Abdichtungsplanung wird fehlerhaft ausgeführt, es erfolgt keine Abdichtung gegen drückendes Wasser. Dem Architekten waren die Bodenverhältnisse vor Ort unbekannt, er sah keine Veranlassung, ein Bodengutachten einzuholen, und beschränkte sich auf einen Blick in die Baugrube. Nach drei Jahren zeigen sich Feuchtigkeitserscheinungen. A. haftet grundsätzlich, da er seine Pflichten aus dem Architektenvertrag verletzt hat.

## DER BAULEITER

Größere Bauvorhaben erfordern die Einschaltung eines Bauleiters. Dieser überwacht die ordnungsgemäße Ausführung vor Ort. Auch die jeweilige Landesbauordnung verlangt bei größeren Bauvorhaben die Bestellung eines Bauleiters, sodass bei der Behörde ein Bauleiter nachzuweisen ist. Wer kann als Bauleiter auftreten? Bauleiter müssen eine Mindestqualifikation in Form der „kleinen Bauvorlagenberechtigung" haben. In Betracht kommen selbstverständlich Architekten, aber auch Bauingenieure und auch Meister im Maurern, Betonbau oder Zimmerhandwerk. Der Bauleiter wird also in vielen Fällen identisch mit dem Architekten sein, muss es aber nicht zwingend.

**Beispiel**

Bauherr B. beauftragt den Architekten A., welcher in einiger Entfernung zum Bauwerk wohnt, mit der Entwurfsplanung seines neu zu errichtenden Wohn- und Praxisgebäudes. Als Bauleiter wird der ortsansässige Bauingenieur C. beauftragt. Die Abdichtungsplanung von A. erfolgt fehlerhaft, es erfolgt keine Abdichtung gegen drückendes Wasser. A. waren die Bodenverhältnisse vor Ort unbekannt, er sah keine Veranlassung, ein Bodengutachten einzuholen, ihm genügte ein Blick in die Baugrube. Bauleiter C. kümmerte sich nicht weiter um die Bodenverhältnisse und übernahm die Planung von A. ohne Prüfung. In diesem Fall haftet der Architekt A. wegen fehlerhafter Planung. Außerdem besteht aber auch eine Haftung des Bauleiters. Jeder Werkunternehmer (und dazu gehören unter anderem

Fachplaner und Bauleiter), der seine Arbeit auf Grundlage fremder Pläne und Vorgaben errichtet, ist zur kritischen Prüfung verpflichtet, ob damit eine mangelfreie Erbringung des Werks möglich ist (siehe Seite 19). C. hätte also prüfen müssen, ob die Abdichtungsplanung korrekt erfolgt ist – insbesondere da auch er als Bauingenieur fachspezifische Kenntnisse aufweist. C. haftet neben A. als Gesamtschuldner.

**05**

# DER AUSFÜHRENDE HANDWERKER

Häufig gibt es auch Fallkonstellationen, in denen Architekt, Bauleiter und ausführender Unternehmer gemeinsam haften.

**Beispiel**

Bauherr B. beauftragt Architekten A., der in einiger Entfernung zum Bauwerk wohnt, mit der Entwurfsplanung seines neu zu errichtenden Wohn- und Praxisgebäudes. Als Bauleiter wird der ortsansässige Bauingenieur C. beauftragt. Die Abdichtungsplanung von A. erfolgt fehlerhaft, es erfolgt keine Abdichtung gegen drückendes Wasser. A. waren die Bodenverhältnisse vor Ort unbekannt, er sah keine Veranlassung, ein Bodengutachten einzuholen, ihm genügte ein Blick in die Baugrube. Bauleiter C. kümmerte sich nicht weiter um die Bodenverhältnisse und übernahm die Planung von A. ohne Prüfung. Ausgeführt wurden die Arbeiten durch Werkunternehmer W., welchem bei Ausführung der Betonarbeiten klar war, dass eine vernünftige Abdichtung fehlte. W. waren die Bodenverhältnisse vertraut. Seine Bedenken hinsichtlich der Abdichtung teilte er jedoch nur seinen Mitarbeitern mit, nicht dem Bauherrn oder dem Architekten oder dem Bauleiter. W. dachte, es sei Sache des Architekten als Fachmann, eine ordentliche Planung zu erstellen. In diesem Fall haften nach wie vor der Architekt A. und der Bauleiter B. Außerdem besteht aber auch eine Haftung des Handwerkers. Dieser war – wie aufgeführt – verpflichtet zu prüfen, ob die fremden Vorgaben (hier Planung) den allgemein anerkannten technischen Regeln entsprechen (siehe Seite 19).

Die Prüfungspflicht darf aber auch nicht überspannt werden. Kann beispielsweise ein Handwerker aufgrund fehlenden Spezialwissens eine solche Prüfung gar nicht durchführen, stellt sich die Haftungsfrage anders dar. Im obigen Beispiel bemerkte der Handwerker aber sogar, dass die Abdichtungsplanung falsch war. Er hätte zwingend dem Bauherrn und/oder dem

**Tipp**

Wenn gesamtschuldnerische Haftung besteht, können Sie sich als Bauherr demnach an einen der Gesamtschuldner wenden und den Ausgleich des gesamten Schadens verlangen. Dies hat dann besondere Bedeutung, wenn der ausführende Unternehmer einen sehr hohen Schaden nicht bezahlen kann, der Architekt diesen Schaden jedoch seiner Haftpflichtversicherung melden kann und somit Liquidität besteht.

Architekten seine Bedenken mitteilen müssen. Aufgrund seiner eigenen Prüf- und Hinweispflicht war er verpflichtet, von sich aus tätig zu werden und den Bauherrn zu informieren, auch wenn eigentlich der Architekt als Fachmann mit der Abdichtungsplanung beauftragt war. Im Beispielfall haften demnach Architekt, Bauingenieur und Handwerker gemeinsam als Gesamtschuldner.

## DER STATIKER UND DER PROJEKTPLANER

Denkbar sind auch Fälle, in denen die Statik von einem externen Büro und nicht vom Architekten gefertigt wird. Auch hier kann gesamtschuldnerische Haftung bestehen. Aufgrund der weitgehenden Prüf- und Hinweispflicht sind sämtliche nachfolgende Beteiligte am Bau verpflichtet, beispielsweise der Architekt und der Bauleiter, die Statik auf erkennbare Fehler zu prüfen. Wie weit die Prüfungspflicht geht, ist immer eine Frage des Einzelfalls. Daher haftet grundsätzlich auch der Statiker neben dem Architekt und dem Bauleiter.

Sind mehrere Fachleute mit der Planung und Koordination der Baustelle beauftragt, besteht hier eine gesamtschuldnerische Haftung. Bei größeren Vorhaben wird zunächst eine Entwurfsplanung erstellt, mit der das Gesamtkonzept erarbeitet und auch Fragen der behördlichen Genehmigung abgeklärt werden. Hiernach schließt sich die Ausführungsplanung an, in welcher präzise Werkpläne erstellt werden. Anhand dieser Werkpläne führt dann der mit der jeweiligen Aufgabe beauftragte Handwerker seine Leistung aus. Planungen werden vom Architekten erledigt, aber auch Projektsteuerer und Bauingenieure sind in vielen Fällen mit der Erstellung der Planung beauftragt. Sämtliche Beteiligte unterliegen der Prüfungs- und Hinweispflicht.

# DER SUBUNTERNEHMER

Fraglich ist immer wieder, wie Sie als Bauherr zu verfahren haben, wenn es zu Ausführungsfehlern durch Subunternehmer kommt.

**05**

---

**Beispiel**

Bauherr B. beauftragt Handwerker H. mit der Sanierung seines Dachs. Es wurde ein BGB-Werkvertrag geschlossen. Kurz vor der Ausführung erhält H. einen weiteren, sehr lukrativen Auftrag. Er beauftragt seinerseits einen Kollegen, Handwerker D., mit der Ausführung des Auftrags bei B.

Zunächst ist fraglich, ob B. im Beispielfall überhaupt die Dachsanierung durch D. ausführen lassen muss. B. argumentiert, H. sei ihm empfohlen worden, es komme ihm gerade darauf an, dass H. die Arbeiten ausführt. Er lässt D. nicht mit den Arbeiten beginnen. Zu Recht? Je nachdem.

Haben die Beteiligten einen VOB/B-Werkvertrag geschlossen, darf ein Subunternehmer wie bereits beschrieben nur mit schriftlicher Zustimmung des Bauherrn vom ursprünglich beauftragten Handwerker eingeschaltet werden. Anders kann sich der Fall darstellen, wenn die Beteiligten im VOB/B-Werkvertrag den Subunternehmereinsatz vereinbart haben. Lesen Sie das Kleingedruckte! Im BGB-Werkvertrag ist es so, dass der ursprünglich beauftragte Handwerker auch ohne Zustimmung des Bauherrn dazu berechtigt ist, einen Subunternehmer einzuschalten. Im Beispielfall muss B. demnach dem D. gestatten, die Dachsanierung auszuführen.

---

Als Bauherr haben Sie keine direkte vertragliche Beziehung zum Subunternehmer, sodass auch die Rechte aus dem Bauvertrag gegenüber dem ursprünglich beauftragten Handwerker geltend zu machen sind. Dies gilt auch für Rechte bei Mängeln.

**Tipp**

Kommt es Ihnen darauf an, dass ein bestimmter Handwerker die Arbeiten ausführt, empfiehlt sich eine klare Regelung im Bauvertrag. Dies gilt insbesondere im BGB-Werkvertrag.

---

**Beispiel**

Bauherr B. beauftragt Handwerker H. mit der Erstellung einer neuen Außenanlage. Es wird ein BGB-Werkvertrag geschlossen. Kurz vor der Ausführung erhält H. einen weiteren, sehr lukrativen Auftrag. Er beauftragt seinerseits einen Kollegen, Handwerker D., mit der Ausführung. D. begeht erhebliche Ausführungsfehler. Er verbaut insbesondere kein Gefälle, sodass sich Regenwasser am Haus sammelt. B. wendet sich an H. und fordert diesen zur Mängelbeseitigung auf. H. wendet ein, nicht er, sondern D., habe den Mangel zu beseitigen, sodass sich B. an D. wenden solle. Zu Recht? Nein.

B. und D. haben keine direkte vertragliche Beziehung. B. muss sich demnach ausschließlich an seinen Vertragspartner, den H., halten. Er hat also H. im Beispielfall völlig zu Recht zur Mängelbeseitigung aufgefordert. H. muss die Mängel beheben. H. kann seinerseits D. zur Beseitigung der Mängel auffordern, haftet jedoch gegenüber seinem Vertragspartner B. allein für eine mängelfreie Ausführung des Werks. Daraus ergibt sich auch, dass H. und D. dem B. gerade nicht als Gesamtschuldner für die Mängel haften. B. kann seine Ansprüche nur gegenüber H. geltend machen, dieser dann wiederum seine Ansprüche gegen D., es besteht keine gesamtschuldnerische Haftung.

---

Gibt es Ausnahmen? Ja, der Bauherr hat die Möglichkeit, ihm entstandene Eigentumsbeeinträchtigungen direkt gegenüber dem Subunternehmer geltend zu machen. Eine Eigentumsverletzung liegt dann vor, wenn durch den Subunternehmer Schäden an Sachen entstehen, die ursprünglich nicht in das Werk einbezogen waren. Man muss also unterscheiden zwischen Ausführungsfehlern und Eigentumsverletzungen. Ansprüche wegen der schlechten und mangelhaften Ausführung der Bauarbeiten können Sie nur gegenüber Ihrem Vertragspartner geltend machen und durchsetzen. Wurde aber neben diesen Ausführungsfehlern auch Ihr Eigentum an strukturell abgrenzbaren Teilen beschädigt, stehen Ihnen auch Ansprüche gegen den Subunternehmer direkt zu. Es handelt sich um sogenannte Mangelfolgeschäden. Das sind Schäden, welche durch eine rechtzeitige Nacherfüllung der geschuldeten Leistung nicht verhindert worden wären. Hinsichtlich solcher Schäden, die außerhalb des Erfüllungsinteresses (korrekte und mangelfreie Erbringung der jeweilig geschuldeten Leistung) liegen, haftet der Subunternehmer direkt.

**Beispiel**

Elektriker E. führt als Subunternehmer eine Erneuerung der Elektrik an einem Bestandsgebäude durch. Dadurch, dass er falsche Kabel verlegt, die der Belastung nicht standhalten, kommt es zu Kurzschlüssen und danach zu einem Brand im Bestandsgebäude. Bauherr B. kann nunmehr wegen des Gebäudeschadens direkt gegen den Subunternehmer vorgehen, da Gebäudebestandteile beschädigt wurden, welche von der Reparatur nicht betroffen waren.

**05**

# ABSICHERUNG UND DURCHSETZUNG BAUVERTRAGLICHER ANSPRÜCHE

Liegen am Bau Mängel vor, haben Sie als Bauherr verschiedene Möglichkeiten zur Reaktion. Häufig kommt es darauf an, Beweise zu sichern, da das Bauwerk schnell weitergeführt werden soll.

## DAS PRIVATGUTACHTEN

Einen Privatgutachter einzuschalten ist eine Möglichkeit, Mängel relativ schnell zu dokumentieren. Der Vorteil bei einem Privatgutachten liegt darin, dass die Mängel von einem Fachmann in Schriftform auf den Punkt gebracht werden, dadurch können sie besser gegenüber dem Handwerker gerügt werden. In vielen Fällen kann durch ein Gutachten eine außergerichtliche Lösung erzielt werden.

**Beispiel**

Zwei Jahre nach Errichtung einer Halle merkt Bauherr B., dass Feuchtigkeit eintritt. Er rügt den Mangel, Unternehmer H. jedoch meint, dass kein Mangel vorliege. B. solle vielmehr seine Regenrinne säubern, diese sei verstopft und deshalb fließe Niederschlagswasser nicht korrekt ab. B. holt nunmehr ein Gutachten ein. Dieses kommt zu dem Ergebnis, dass bestimmte Verschraubungen an der Halle nicht dicht sind, bereits dies führe zu dem Feuchtigkeitseintritt. Außerdem stellt der Gutachter fest, dass die Regenrinnen zu klein dimensioniert sind und weitere Fallrohre angebracht werden müssten. Der Gutachter führt außerdem auf, welche Maßnahmen zur Mängelbeseitigung erforderlich sind und mit welchen Kosten zu rechnen ist. B legt dieses Gutachten nunmehr dem H. vor. H. erkennt, dass tatsächlich ein Mangel vorhanden war. Er erklärt sich bereit, sämtliche Maßnahmen des Gutachtens umzusetzen und dem B. auch alle entstandenen Kosten zu ersetzen.

Der Nachteil an einem Privatgutachten ist, dass es nicht bindend ist. Das bedeutet, der Handwerker kann die Feststellungen eines Gutachtens anzweifeln und hat die Möglichkeit, seinerseits ein Gutachten vorzulegen, auch im Prozess.

**Beispiel**

Im obigen Beispielfall können sich B. und H. auch nach dem ersten Gutachten, welches B. eingeholt hatte, nicht einigen. Der Handwerker beauftragt nunmehr seinerseits ein Gutachten. Dieses kommt zu dem Ergebnis, dass die Halle nicht falsch verschraubt wurde, vielmehr sei eine schwere Last kurz zuvor auf das Dach gefallen, allem Anschein nach ein Baum. Dadurch hätten sich leichte statische Schäden ergeben. Außerdem seien die Regenrinnen nicht falsch dimensioniert, insbesondere würden keine Fallrohre fehlen, die Regenrinnen seien einfach verstopft, und zwar offenbar durch herabfallendes Laub. B. ist nunmehr gezwungen, Klage zu erheben. Das Gericht ist weder von dem einen noch von dem anderen Gutachten überzeugt und gibt ein weiteres Gutachten in Auftrag.

Es gibt gute Gründe, sich für ein Privatgutachten zu entscheiden. Die Erstellung geht relativ schnell und die Argumentation gegenüber dem Handwerker wird erheblich erleichtert, da die Mängel und Maßnahmen zur Mängelbehebung präzise durch das Gutachten benannt werden können. Beseitigt der Handwerker Mängel nicht, kann eine Klageschrift deutlich fundierter mit einem Gutachten erstellt werden. Ihnen als Bauherr muss aber klar sein, dass es sich um ein Parteigutachten handelt, es entfaltet keine Bindungswirkung.

Dem Gutachten kann mehr Gewicht verliehen werden, wenn man es durch einen öffentlich bestellten und vereidigten Sachverständigen erstellen lässt. Es bleibt zwar auch dann ein Privatgutachten, öffentlich bestellte und vereidigte Sachverständige sind aber im Allgemeinen bei Gericht bekannt und haben einen Ruf als unabhängige Gutachter zu verlieren. Das Gericht neigt daher oft dazu, das Gutachten eines öffentlich bestellten und vereidigten Sachverständigen als zutreffend zu bewerten, was zum Beispiel Vergleichsverhandlungen erleichtert vor Gericht. Möglicherweise lässt sich dadurch die Erstellung eines weiteren kostenintensiven Gutachtens auf Veranlassung des Gerichts verhindern. In manchen Fällen empfiehlt es sich auch, der Gegenseite Gelegenheit zu geben, beim Ortstermin im Zuge der Gutachtenerstellung anwesend zu sein. Auch dies kann bei Gericht den Eindruck verstärken, dass der Inhalt des Gutachtens zutreffend ist.

Ein erheblicher Nachteil eines Privatgutachtens ist, dass Sie als Bauherr hierfür in Vorleistung treten müssen. Auch für den Fall, dass eine Rechtsschutzversicherung die Kosten der Rechtsverfolgung übernimmt, erstattet diese nicht die Kosten für ein Privatgutachten. Gewinnt der Bauherr den Prozess, sind die Kosten für ein Privatgutachten als Aufwendung zur Schadensbeseitigung vom Handwerker allerdings zu erstatten.

## DAS SELBSTSTÄNDIGE BEWEISVERFAHREN

Dieses Verfahren stellt eine effiziente Möglichkeit dar, das Bestehen oder Nichtbestehen eines Mangels verbindlich festhalten zu lassen. Problematisch für den Bauherrn ist oftmals, dass die Arbeiten so schnell wie möglich fortgeführt werden sollen, also der mängelbehaftete Zustand behoben werden soll. Nach Beseitigung der Mängel durch ein Drittunternehmen jedoch kann der Bauherr dem Handwerker nicht mehr beweisen, dass die Mängel tatsächlich bestanden und von ihm verursacht wurden. Entscheidet sich der Bauherr in einem

**Tipp**

Besteht eine Deckungszusage von einer Rechtsschutzversicherung, kann sich ein selbstständiges Beweisverfahren aus Kostengründen von vornherein als vorteilhaft darstellen. Dieses ist nämlich ein gerichtliches Verfahren, als solches sind auch die Verfahrenskosten von der Versicherung auszugleichen, hierzu gehören auch die Gutachterkosten.

solchen Fall für ein Privatgutachten, kann der Werkunternehmer theoretisch in einem Prozess dieses Gutachten mit vielerlei Begründungen infrage stellen, sogar gegebenenfalls ein eigenes Gutachten vorlegen. Da der Mangel nicht mehr besteht, kann auch kein gerichtliches Gutachten zur Klärung mehr erfolgen, der Bauherr kann möglicherweise dem Handwerker die Mangelverursachung nicht mehr beweisen. Für den Mangel und dessen Verursachung durch den Handwerker ist der Bauherr jedoch beweispflichtig.

Aus dieser misslichen Situation befreit die Durchführung eines selbstständigen Beweisverfahrens. In diesem Fall beantragt der Bauherr nämlich bei Gericht in einem speziellen Schriftsatz die Einholung eines schriftlichen Sachverständigengutachtens über die behaupteten Mängel. Das Gericht wird dann von sich aus einen öffentlich bestellten und vereidigten Sachverständigen mit der Erstellung des Gutachtens beauftragen. Dieser bezieht alle Beteiligten, also auch den Handwerker, ein. Insbesondere erhält der Handwerker alle Schriftsätze und natürlich auch die Gelegenheit, am Ortstermin zur Vorbereitung des Gutachtens teilzunehmen. Ist das Gutachten erstellt, ist dieses in einem späteren Prozess verbindlich im Verhältnis zwischen Bauherr und Handwerker. Der Handwerker kann damit die Feststellungen im Gutachten nicht mehr einfach infrage stellen, sondern muss diese gegen sich gelten lassen.

## DAS EILVERFAHREN VOR GERICHT

Manche Sachverhalte verhindern, dass ein Klageverfahren abgewartet werden kann. Es kann dann bei Gericht eine einstweilige Verfügung beantragt werden. Damit kann ein Sachverhalt vorläufig geregelt werden. Voraussetzung dafür ist, dass dem Antragsteller zum einen der geltend gemachte Anspruch zusteht, zum anderen aber auch eine besondere Eilbedürftigkeit besteht, welche das Abwarten des Hauptsacheverfahrens nicht zulässt.

**05**

---

**Beispiel**

Bauherr B. hat einen erheblichen Mangel am Dach seines historischen Gebäudes entdeckt. Die Ziegel haben sich verschoben und müssen großflächig neu gelegt werden. Andernfalls drohen Feuchtigkeitsschäden durch den nächsten Regen. Dachdecker D. wurde zur Mängelbeseitigung aufgefordert, er streitet ab, dass ein Mangel im Sinne der bauvertraglichen Vorschriften besteht. Die Materialien und Gerätschaften des D. sind noch an der Baustelle. Sofern ein Drittunternehmen mit der Ersatzvornahme beauftragt werden müsste, würde dies lange dauern. Es ist Hauptsaison, und es handelt sich um ein historisches Gebäude, sodass eine Fachfirma nicht ohne Weiteres auf die Schnelle zu finden ist.

Nur D. verfügt über das notwendige Fachwissen. In einem solchen Fall kann die Nachbesserungsverpflichtung per einstweiliger Verfügung gerichtlich durchgesetzt werden.

---

Häufiger sind jedoch Fälle, in welchen der Handwerker per einstweiliger Verfügung gegen den Bauherrn vorgeht. Beispielsweise kann eine Bauhandwerkersicherungshypothek (siehe Seite 148) durch eine einstweilige Verfügung durchgesetzt werden. Weigert sich der Auftraggeber, bestimmte Materialien, welche der Handwerker dringend für eine weitere Baustelle benötigt, herauszugeben, kommt ebenfalls der Antrag auf Erlass einer einstweiligen Verfügung gegen den Bauherrn durch den Handwerker in Betracht.

**Tipp**

Ein Eilverfahren darf wie aufgeführt nur dann eingeleitet werden, wenn eine besondere Eilbedürftigkeit gegeben ist. Hiervon wird nur ausgegangen werden können, wenn die Rechtsverfolgung unverzüglich nach Bekanntwerden der störenden Umstände durchgeführt wird. Hier gilt etwa eine Frist von ein bis zwei Wochen. Entweder Sie starten unverzüglich die Rechtsverfolgung oder Sie können kein Eilverfahren führen und müssen damit den Ausgang des Hauptsacheverfahrens abwarten.

## DAS SCHIEDSGUTACHTEN

Die Möglichkeit eines Schiedsgutachtens besteht dann, wenn eine entsprechende Vereinbarung dazu getroffen wurde. Bei einem Schiedsgutachten wird ein Gutachter bestimmte Fragen beantworten, beispielsweise bei Streitigkeiten über die Höhe des Werklohns oder über das Vorliegen von Mängeln.

Wenn Sie als Bauherr nicht sicher sind, was ein Schiedsgutachten eigentlich bedeutet, lassen Sie sich darauf nicht ein. Die Feststellungen des Schiedsgutachters sind nur bedingt angreifbar. Wenn Sie mit dem Inhalt des Schiedsgutachtens nicht einverstanden sind, können Sie sich hiergegen nur wehren, indem Sie vortragen, das Schiedsgutachten sei „offenbar unrichtig". Dass eine solche Feststellung schwer zu beweisen ist, liegt auf der Hand, es erfolgt damit eine erhebliche Einschränkung Ihrer Rechte als Bauherr. Die Vereinbarung einer Schiedsvereinbarung ist brandgefährlich für Bauherren, aber auch für Handwerker. Treffen Sie eine solche Vereinbarung nur, wenn Sie explizit an einer solchen interessiert sind und sich in der Materie auskennen. Achten Sie auf versteckte Abschnitte bezüglich einer Schiedsvereinbarung im Bauvertrag.

## DIE SICHERHEITSLEISTUNG FÜR SACHMÄNGELANSPRÜCHE UND FÜR DIE VERTRAGSERFÜLLUNG

Bauherren sind gut beraten, etwaige Ansprüche gegen das ausführende Unternehmen bereits im Bauvertrag abzusichern. Wie bereits dargelegt, unterscheidet man im Verhältnis zwischen Bauherr und Handwerker die Erfüllungsphase bis zur Abnahme und die sich daran anschließende Gewährleistungsphase (siehe Seite 105). Bis zur Abnahme kann eine sogenannte Vertragserfüllungssicherheit vereinbart werden, danach eine Gewährleistungssicherheit.

Die Vertragserfüllungssicherheit sichert also die Ansprüche des Bauherrn dahingehend ab, dass rechtzeitig erfüllt wird.

Auch Mängelansprüche und Vertragsstrafen und Verzug werden abgesichert. 10 Prozent der Auftragssumme sind als Sicherheitshöhe unbedenklich, darüber hinausgehende Beträge bedürfen einer besonderen Begründung. Als Sicherungsmittel kann eine Bürgschaft, die Einbehaltung oder die Hinterlegung von Geld vereinbart werden.

**Tipp**

Solche Sicherheiten sind gesetzlich nicht vorgesehen, es empfiehlt sich daher eine vertragliche Vereinbarung. Ohne eine solche Vereinbarung ist der Unternehmer zur Stellung einer Sicherheit nicht verpflichtet. Dies gilt für den BGB-Werkvertrag als auch für den VOB/B-Werkvertrag. Die Sicherungsvereinbarung muss hinreichend bestimmt sein, das bedeutet, es muss daraus klar hervorgehen, ob eine Sicherheit für die Vertragserfüllung und/oder für die Mängelgewährleistung vereinbart werden soll.

**05**

Wie funktioniert eine solche Sicherheitsleistung eigentlich praktisch? Eine beliebte, weil unkomplizierte, Möglichkeit ist der sogenannte Einbehalt. Er ist für den Bauherrn in der Regel von Vorteil. Das bedeutet, dass die Höhe der Sicherheit erst einmal von den Forderungen des Handwerkers, zum Beispiel für Abschlagszahlungen, einbehalten werden kann.

**Beispiel**

Zahnarzt Z. lässt sich ein neues Praxisgebäude von H. errichten. Es werden präzise Bauzeiten vereinbart. Die Bausumme beträgt pauschal 600.000 Euro. Das bisherige Praxisgebäude ist zum 30. August 2014 gekündigt, es kommt Z. darauf an, dass die Arbeiten an dem neuen Gebäude zum 1. März 2014 beendet sind, um nahtlos den Innenausbau anzuschließen. Die neue Praxis soll zum 1. September 2014 eröffnet werden. Z. vereinbart mit H. eine Vertragserfüllungssicherheit in Höhe von 60.000 Euro. Die Sicherheit soll durch Einbehalt geleistet werden. Z. soll berechtigt sein, von den Abschlagszahlungen des H. jeweils 10 Prozent einzubehalten, und zwar so lange, bis die Sicherungshöhe erreicht ist.

**Tipp**

Das Wahlrecht des Auftragnehmers ist zeitlich beschränkt, es muss bei einem VOB/B-Werkvertrag gemäß § 17 Absatz 7 VOB/B binnen 18 Werktagen nach Vertragsschluss ausgeübt werden, andernfalls steht dem Bauherrn das Recht zu, einen Einbehalt vorzunehmen.

Dem Handwerker steht bezüglich der Sicherheit ein Wahlrecht zu. Es kann damit grundsätzlich der Handwerker auswählen, auf welche Art und Weise er Sicherheit leisten möchte.

Steht für den Handwerker im Vordergrund, möglichst schnell Liquidität zu erlangen, wird er dem Bauherrn als Sicherungsmittel eine Bürgschaft stellen. Will er die Kosten für die Bürgschaft sparen, muss er den Einbehalt wählen.

Wenn Sie gerade den Einbehalt wählen möchten, empfiehlt sich diesbezüglich eine separate Vereinbarung im Bauvertrag, dass Ihnen als Bauherr ein Einbehalt zusteht. In diesem Fall hat der Handwerker kein Wahlrecht mehr.

Zu beachten ist ebenfalls, dass dem Handwerker auch ein Austauschrecht bezüglich einer bereits erbrachten Sicherheit zusteht. Theoretisch kann damit der Handwerker, je nach betrieblicher Situation, die Art und Weise der Sicherheit ändern. Das Austauschrecht kann so oft wie vom Handwerker gewünscht geltend gemacht werden.

**Beispiel**

Handwerker H. hat sein Wahlrecht wahrgenommen und leistet Sicherheit durch Einbehalt. Nach einiger Zeit überlegt er es sich anders und stellt dem Bauherrn eine Bürgschaft. Der Bauherr muss nunmehr die einbehaltenen Beträge an den Handwerker auszahlen.

Wann muss die Vertragserfüllungssicherheit zurückgegeben werden? Wenn nichts anderes vereinbart wurde, erfolgt die Rückgabe, wenn der Vertrag erfüllt wurde, und damit spätestens nach Abnahme.

Das Pendant zur Vertragserfüllungssicherheit ist die Gewährleistungssicherheit nach Abnahme, damit sichern Sie als Bauherr Ansprüche wegen eventuell auftretender Mängel nach Abnahme ab. Die Vereinba-

**Tipp**

Auch das Austauschrecht des Unternehmers kann durch wirksame vertragliche Vereinbarung eingeschränkt werden. Vereinbaren Sie als Bauherr im Bauvertrag diejenige Sicherheit, die Ihnen passt, und schränken Sie das Wahlrecht und das Austauschrecht des Handwerkers gemäß Ihren Vorstellungen ein!

rung von 5 Prozent der Auftragssumme als Gewährleistungssicherheit ist unproblematisch, auch höhere Prozentsätze
sind als Individualvereinbarung (siehe Seite 53) möglich. Als
Sicherungsmittel kommt wiederum die Hinterlegung von
Geld, der Einbehalt von Geld und die Stellung einer Bürgschaft
in Betracht. Wie funktioniert eine solche Sicherheitsleistung
praktisch?

**05**

Auch hier ist der Einbehalt, diesmal von der Schlussrechnungssumme, eine für den Bauherrn günstige Sicherungsart.

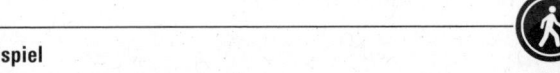

**Beispiel**

Bauherr B. und Handwerker H. vereinbaren lediglich eine Gewährleistungssicherheit, keine Vertragserfüllungssicherheit. B. soll berechtigt
sein, von der Schlussrechnungssumme 5 Prozent einzubehalten. Nach fünf
Jahren, also dem Ende der Gewährleistungszeit, soll B. den Betrag dann
an H. zahlen, wobei er innerhalb der Gewährleistungszeit den einbehaltenen Betrag verzinsen muss.

Kommt es dem Bauherrn gerade darauf an, eine bestimmte
Sicherheit, zum Beispiel den Einbehalt, zu bekommen, muss
eine Vereinbarung im Bauvertrag geschlossen werden. Andernfalls besteht das Austausch- und Wahlrecht des Handwerkers.

# DIE SICHERUNG DES HANDWERKERS NACH § 648 A BGB

Nicht nur der Bauherr, sondern auch der Handwerker hat ein
schutzwürdiges Interesse daran, Forderungen, die erst in Zukunft fällig werden, abzusichern. Das Gesetz in § 648 a BGB
räumt aus diesem Grund dem Handwerker ebenso wie dem
Bauherrn die Möglichkeit ein, Sicherheit zu verlangen.

**Beispiel**

Bauherr B. gibt die Errichtung eines Mehrfamilienhauses für 300.000 Euro in Auftrag. Werkunternehmer W. schließt mit B. einen Werkvertrag ab. Von einer Sicherheit ist darin nicht die Rede. Kurz vor Beginn der Arbeiten sagt W., er würde mit dem Bau nur beginnen, wenn ihm Sicherheit in Höhe von 300.000 Euro geleistet wird. B. solle ihm eine Bürgschaft stellen. B. dagegen steht auf dem Standpunkt, W. dürfe keine Sicherheit verlangen, da es an einer entsprechenden vertraglichen Abrede mangele. Zu Recht? Nein.

Das Recht des Unternehmers, Sicherheit zu verlangen, besteht kraft Gesetzes. Im Unterschied zur Vertragserfüllungssicherheit und der Gewährleistungssicherheit (siehe Seite 105) kommt es damit nicht darauf an, ob eine Sicherheit für den Werkunternehmer im Werkvertrag vereinbart wurde oder nicht. W. kann also grundsätzlich Sicherheit verlangen.

Folgende Fragen betreffen die Abwicklung im Detail:

- **Auf welche Weise kann der Handwerker Sicherheit verlangen?** Wie die Sicherheit geleistet wird, bestimmt ausschließlich der Bauherr, ihm steht ein Wahlrecht zu, welches auch vertraglich nicht ausgeschlossen werden kann. Der Regelfall ist die Stellung einer Bürgschaft. Eine solche Bürgschaft sichert den Handwerker ab und verursacht auf Seiten des Bauherrn keine allzu großen Kosten bzw. Liquiditätsengpässe.
- **Bis zu welcher Höhe kann Sicherheit verlangt werden?** Die Sicherheit kann verlangt werden bis zur Höhe des voraussichtlichen Vergütungsanspruchs. Gerade zu Beginn eines Bauvorhabens müssen Sie als Bauherr demnach damit rechnen, Sicherheit in Höhe des gesamten an den Unternehmer zu zahlenden Vergütungsanspruches leisten zu müssen. Im Beispielfall kann der Werkunternehmer damit Sicherheit in voller Höhe verlangen. Maßgeblich ist der Bruttobetrag, da ihm grundsätzlich die Nettovergütung zuzüglich Mehrwertsteuer zusteht.
- **Muss jeder Besteller Sicherheit leisten?** Eine wichtige Ausnahme besteht darin, dass private Bauherren von der

05

Pflicht zur Sicherheitsleistung ausgenommen sind, man spricht vom sogenannten Häuslebauer-Privileg. Dabei muss es sich um eine natürliche Person handeln und die Bauarbeiten müssen zur Herstellung oder Instandsetzung von Einfamilienhäusern in Auftrag gegeben worden sein. Die Bauarbeiten an selbst genutzten Eigentumswohnungen sollen ebenfalls unter das Häuslebauer-Privileg fallen, was zur Folge hat, dass auch solche private Bauherren keine Sicherheit leisten müssen. Da Eigentumswohnungen nicht unter den Wortlaut des § 648 a Absatz 5 Nr. 2 BGB fallen, ist das Thema jedoch juristisch umstritten.

- **Wer zahlt eigentlich die Kosten für die Sicherheit?** Wenn Sie als Bauherr Sicherheit leisten müssen, sind die Kosten hierfür durch den Unternehmer zu tragen. Dies allerdings nur bis zu einem Höchstsatz von 2 Prozent pro Jahr, dieser Wert ist aus der abgesicherten Summe zu ermitteln.

- **Muss die Sicherheit auch geleistet werden, wenn Mängel bestehen?** Das Vorhandensein von Mängeln berechtigt nicht zur Verweigerung der Sicherheitsleistung. Es gilt vorsorglich zu vermeiden, dass Sie trotz Mängeln noch Sicherheit leisten müssen.

**Beispiel**

Bauherr B. hat Handwerker H. mit der Errichtung eines Mehrfamilienhauses beauftragt. 90 Prozent des vereinbarten Pauschalpreises von 400.000 Euro sind bereits bezahlt. Kurz vor Abnahme zeigen sich erhebliche Mängel. B. fordert H. zur Mängelbeseitigung auf. H. verlangt nunmehr erstmalig Sicherheit, und zwar in Höhe der restlichen 10 Prozent. B. meint, H. habe wohl zu heiß gebadet. Er solle ihm jetzt nicht mit einer Sicherheit kommen, sondern schlicht und einfach die Mängel entfernen. Zu Recht? Definitiv nein. B. muss wohl oder übel Sicherheit leisten, und zwar unabhängig von den Mängeln und seinem Mängelbeseitigungsanspruch. Solange B. nicht Sicherheit leistet, braucht H. die Mängel nicht zu beseitigen. Beharrt B. darauf, dass die Mängel erst zu beheben sind (was in der Praxis oft vorkommt), kann das dazu führen, dass H. den Werkvertrag kündigen kann.

## DIE BAUHANDWERKERSICHERUNGSHYPOTHEK

Eine weitere Möglichkeit für den Handwerker, seine Ansprüche abzusichern, stellt die Möglichkeit zur Eintragung einer Sicherungshypothek gemäß § 648 BGB am Grundstück des Bestellers dar. Diese Sicherungshypothek wird in das Grundbuch eingetragen, was zu erheblichen Schwierigkeiten für den Bauherren führen kann, wenn er das Grundstück verkaufen möchte. Der Unterschied zur Bauhandwerkersicherung liegt darin, dass mit der Sicherungshypothek nur bereits erbrachte Leistungen abgesichert werden können. Abgesichert wird also nicht die gesamte zu erwartende Vergütung, sondern nur diejenigen Leistungen, die tatsächlich (nachweislich) erbracht worden.

**Tipp**

Arbeiten an einem Grundstück reichen nicht aus. Wurden Außenanlagen erstellt, kommt nur eine Bauhandwerkersicherung nach § 648 a BGB in Betracht.

Wer kann eine Bauhandwerkersicherungshypothek verlangen? Anspruchsberechtigt ist jeder Werkunternehmer, der Arbeiten an einem Bauwerk ausgeführt hat.

Der Anspruch auf Eintragung einer Bauhandwerkersicherungshypothek besteht allerdings nur am Grundstück des Bestellers.

Kann eine Bauhandwerkersicherungshypothek auch verlangt werden, wenn die erbrachten Arbeiten mangelhaft sind? Nein. Grundgedanke der Sicherungshypothek ist, dass der Handwerker für den von ihm geschaffenen Wertzuwachs am Grundstück des Bestellers abgesichert werden soll. Ein schutzwürdiges Interesse des Handwerkers besteht damit nur für einen tatsächlich eingetretenen Wertzuwachs am Grundstück. Nur mangelfreie Leistungen des Handwerkers führen jedoch zu einer tatsächlichen Wertsteigerung des Grundstücks, sodass der Mängeleinwand des Bauherrn durchaus erheblich ist. Dessen Grundstück soll nicht mit Hypotheken belastet werden, wenn kein entsprechender Wertzuwachs eingetreten ist.

**Beispiel**

Bauherr B. hat Handwerker H. mit der Errichtung einer Doppelgarage
mit Unterkellerung beauftragt. Dies zu einem Pauschalpreis von 70.000
Euro. Der Aushub ist gemacht worden, ebenfalls die Betonarbeiten. Das
Verhältnis zwischen H. und B. ist allerdings in der Zwischenzeit merklich
abgekühlt. Die erbrachten Arbeiten haben einen Wert von ca. 20.000 Euro.
H. verlangt von B. nunmehr eine Abschlagszahlung in Höhe von 20.000
Euro und außerdem die Eintragung einer Sicherungshypothek. B. rügt verschiedene Mängel. Bis zur Klärung, ob tatsächlich die Mängel bestehen,
kann die Sicherungshypothek nicht eingetragen werden.

**05**

Hat der Handwerker eine Sicherheit nach § 648a BGB gefordert und erhalten, kann er keine weitere Bauhandwerkersicherungshypothek verlangen.

Von erheblicher Bedeutung ist die Sicherungshypothek in Fällen, in denen das Grundstück verkauft werden soll.

**Beispiel**

Werkunternehmer W. hat umfangreiche Modernisierungsarbeiten an
einem Wohnhaus vorgenommen. Nach Beendigung der Arbeiten entsteht
Streit über die Vergütung des Handwerkers. W. erfährt, dass das Wohnhaus kurz vor einem Verkauf steht, und möchte so schnell wie irgend möglich eine Grundbucheintragung zu seinen Gunsten. Wie funktioniert das?

Er kann seinen Anspruch auf Eintragung einer Sicherungshypothek durch
Vormerkung sichern. Er kann sogar eine einstweilige Verfügung (siehe Seite 140) bei Gericht beantragen. Nach Erlass einer einstweiligen Verfügung
wird die Vormerkung dann im Grundbuch eingetragen. Der Bauherr erfährt
hiervon oft erst, wenn ihm die einstweilige Verfügung zugestellt wird bzw.
die Vormerkung schon im Grundbuch eingetragen ist.

Wie kann man sich als Bauherr gegen eine solche einstweilige Verfügung wehren? Sie können Widerspruch einlegen,
beispielsweise können Sie behaupten, es lägen Mängel vor.
Fraglich ist immer wieder, wie sich die Beweislastverteilung
darstellt. Vor der Abnahme muss der Unternehmer beweisen,

dass seine Arbeiten mängelfrei erbracht wurden. Nach der Abnahme muss der Bauherr das Vorliegen von Mängeln beweisen.

## DIE SCHUTZSCHRIFT

Bei besonders eilbedürftigen Sachverhalten könnte die Gegenseite auf die Idee kommen, bei Gericht einen Antrag auf Erlass einer einstweiligen Verfügung zu stellen (siehe Seite 140).

**Beispiel**

Zur Verwirklichung Ihres Bauvorhabens wurde ein Kran am Grundstück aufgestellt. Dies befindet sich in der Nähe eines nachbarlichen Gebäudes, welches unter Denkmalschutz steht. Der neue Nachbar ist hierüber sehr erbost und fordert Sie unter Hinweis auf die angeblich bestehende akute Eigentumsgefährdung zur sofortigen Entfernung des Krans auf. Nach Rücksprache mit einem Bauingenieur wird klar, dass die angebliche Gefährdung des nachbarlichen Gebäudes nicht besteht.

Bitte vergegenwärtigen Sie sich, dass der Nachbar aus dem Beispiel trotz allem einen Eilantrag auf Erlass einer einstweiligen Verfügung bei Gericht stellen kann. Wenn er seine Befürchtungen glaubhaft machen kann, könnte zu Ihren Ungunsten eine solche einstweilige Verfügung erwirkt werden. Solche Anträge müssen nicht zwingend mündlich vor Gericht verhandelt werden. Freilich könnten Sie gegen die dann ergangene einstweilige Verfügung vorgehen, diese ist jedoch vorläufig vollstreckbar, es droht ein zumindest zweitweise bestehender Baustopp. Es empfiehlt sich daher, den Sachverhalt bereits im Vorfeld einer zu erwartenden einstweiligen Verfügung dem Gericht mitzuteilen. Im Beispielfall könnte das Gutachten vorgelegt werden, und zwar dahingehend, dass keine Eigentumsbeeinträchtigung des Nachbarn gegeben ist. Die Vorlage einer Schutzschrift führt in aller Regel zumindest dazu, dass mündlich verhandelt wird.

# DIE STREITVERKÜNDUNG

Wie bereits ausgeführt, sind verschiedene Situationen denkbar, in welchen neben dem ausführenden Unternehmer weitere Beteiligte haften, beispielsweise der Architekt. Das führt noch nicht dazu, dass Sie auch zwingend gegen beide (mutmaßlichen) Verursacher vorgehen müssen.

**05**

**Beispiel**

Bauherr B. hat eine Vielzahl von Ausführungsfehlern am Bauwerk zu verzeichnen und geht aus diesem Grund gerichtlich gegen den ausführenden Unternehmer H. vor. Die Elektrik ist größtenteils falsch verlegt worden, was besonders problematisch ist, da ein Labor im Neubau eingerichtet werden soll, es sind nunmehr umfassende Nacharbeiten nötig. H. verteidigt sich damit, dass nicht seine Ausführungsfehler schuld an den Mängeln sind, sondern eine unzureichende und falsche Planung des Architekten A. B. muss nunmehr nicht zwingend gegen H. und A. gemeinsam klagen. Er muss jedoch bedenken, dass seine Klage gegen H. auch nur gegen diesen Wirkung entfaltet.

Wenn es tatsächlich stimmt, dass Planungsfehler zu den Mängeln geführt haben, wird die Klage gegen H. abgewiesen. Wenn sich B. dann an A. wendet, ist die Feststellung im gerichtlichen Verfahren des B. gegen H., dass Planungsfehler vorlagen, im Verhältnis zum A. nicht bindend. B. muss damit das ganze Verfahren gegen A. nochmals voll durchführen. Um dies zu verhindern, besteht die Möglichkeit zur Streitverkündung. In diesem Fall verklagt B. den H., und erklärt A. den Streit. A. kann dem Streit auf Seiten des B. oder des H. beitreten, muss es aber nicht. Die Streitverkündung bewirkt gegenüber dem A., dass dieser die Feststellungen des Prozesses gegen sich gelten lassen muss. Stellt sich also heraus, dass Planungsfehler vorliegen, und wurde dem A. der Streit verkündet, kann er in einem weiteren Verfahren gegen sich nicht behaupten, die Feststellung der Planungsfehler sei falsch. Insoweit besteht dann eine Bindungswirkung des ersten Verfahrens des Bauherrn gegen den Werkunternehmer, welche der Architekt gegen sich gelten lassen muss.

Die Streitverkündung sollte bei längeren Prozessen unbedingt erfolgen. Sie bewirkt nämlich, dass auch gegenüber demjenigen, dem der Streit verkündet wird, die Verjährung gehemmt wird (siehe Seite 106). Ein Bauprozess gegen den Handwerker kann ohne weiteres drei Jahre dauern. Hat sich der Mangel erst nach vier Jahren gezeigt, und dauert der Prozess weitere drei Jahre an, können nach insgesamt sieben Jahren keine Ansprüche mehr gegen den Architekten geltend gemacht werden. Unterlassen Sie es dann, den Streit zu verkünden, drohen erhebliche Nachteile.

# DIE ABWICKLUNG DES BAUVERTRAGS IN DER INSOLVENZ

Ein Ereignis, welches viele Bauherren unvorbereitet trifft, ist der Eintritt der Insolvenz des Handwerkers. In manchen Fällen ist zu beobachten, wie geradezu panikartig versucht wird, daraufhin den Bauvertrag zu kündigen. Eine Insolvenz des Bauunternehmens bedeutet jedoch keineswegs automatisch, dass der Bau nicht weitergeführt wird.

**Beispiel**

Unmittelbar nach Beendigung der Rohbauarbeiten muss die mit der Errichtung des Einfamilienhaus beauftragte Baufirma H. Insolvenz anmelden. Daraufhin schreibt Insolvenzverwalter I. den Bauherrn B. an und teilt diesem seine Bestellung zum Insolvenzverwalter mit. Nähere Informationen enthält das Schreiben nicht. Nachdem die Baustelle vier Wochen stillstand, und I. auch nicht telefonisch zu erreichen war, kündigt B. den Bauvertrag wegen der Insolvenz schriftlich. Zu Recht? Nein.

Tritt der Fall einer Insolvenz beim beauftragten Unternehmen ein, hat der Insolvenzverwalter die Wahl: Er kann entweder den Vertrag fortführen, das bedeutet die Bauleistungen weiterhin zu erbringen, oder den Vertrag nicht weiterführen. Führt der Insolvenzverwalter den Vertrag fort, bleibt selbstverständlich der Bauherr zur Zahlung des Werklohns verpflichtet. Aufgrund dieses Wahlrechts ist es auch dem Bauherrn nicht ohne Weiteres möglich, den Vertrag im Insolvenzfall außerordentlich zu kündigen.

Auch der Umstand, dass die VOB/B ein außerordentliches Kündigungsrecht im Fall der Insolvenz einräumt, ändert nichts daran. Es ist umstritten, ob dieses Kündigungsrecht vorbehaltlos durchgreift, viele gerichtliche Entscheidungen haben dies unter Hinweis auf das Argument verneint, dass das Wahlrecht des Insolvenzverwalters dadurch ausgehebelt würde.

**05**

Freilich ist eine freie Kündigung (siehe Seite 96) auch im Fall einer Insolvenz möglich, der Bauherr läuft jedoch dann Gefahr, den entgangenen Gewinn ausgleichen zu müssen.

Bewahren Sie im Fall der Insolvenz Ruhe. Fordern Sie den Insolvenzverwalter auf, zu erklären, wie er sein Wahlrecht ausüben möchte. Am wichtigsten ist die vorbeugende Absicherung, und zwar bereits bei Abschluss des Bauvertrags. Dieser kann ohne Weiteres so gestaltet werden, dass lediglich nach Baufortschritt Zahlungen an den Werkunternehmer geleistet werden. Je mehr Sie als Bauherr (meist unnötig) in Vorleistung treten, umso stärker treffen Sie die Folgen einer Insolvenz. Sichern Sie sich außerdem mit Bürgschaften (siehe Seite 143) ab.

# HINWEISE ZUM BAUPROZESSRECHT

Ist zu erwarten, dass die Gegenseite dem Anspruch nichts Ernsthaftes entgegenzusetzen hat, kann vor einem Klageverfahren versucht werden, den Anspruch im gerichtlichen Mahnverfahren durchzusetzen. Dafür stellen Sie bei Gericht einen Antrag auf Erlass eines Mahnbescheids. Dieser Antrag wird dem Schuldner zugestellt. Widerspricht dieser nicht innerhalb einer bestimmten Frist, beantragen Sie einen Vollstreckungsbescheid. Auch dieser wird dem Schuldner zugestellt. Widerspricht dieser erneut nicht innerhalb einer bestimmten Frist, ist Ihr Anspruch tituliert, aus dem Vollstreckungsbescheid können Sie dann 30 Jahre vollstrecken. Widerspricht der Schuldner allerdings, geht das Verfahren in das Streitverfahren über, der Rechtsstreit wird dann vom Mahngericht an das zuständige Gericht abgegeben.

**Beispiel**

Handwerker H. hat erhebliche Ausführungsfehler verursacht. Die Mängel sind offensichtlich. Der Bauherr B. hat daraufhin den bereits gezahlten Werklohn gemindert, und zwar um 4.000 Euro. Die Ausführungsfehler sind klar erkennbar, H. hat schon zu verstehen gegeben, dass er wohl zahlen werde. Zahlungsaufforderungen verliefen allerdings bisher fruchtlos. B. könnte nunmehr erwägen, das kostengünstige Mahnverfahren einzuleiten.

Lässt sich eine Lösung nicht über das Mahnverfahren erreichen, muss ein Klageverfahren geführt werden. Bis zu einem Streitwert in Höhe von 5.000 Euro sind die Amtsgerichte zuständig, danach die jeweiligen Landgerichte. Das zuständige Gericht bestimmt sich grundsätzlich nach dem Wohnort des Schuldners, in Bausachen ist jedoch zu bedenken, dass Erfüllungsort des Bauvertrags derjenige Ort ist, an welchem das Werk erstellt wird. Bauvertragliche Ansprüche können damit am Ort der Bauausführung gerichtlich geklärt werden.

**Beispiel**

Klagt der Bauherr wegen Mängel an seinem Bauwerk, welches in Frankfurt am Main errichtet wurde, gegen den Werkunternehmer aus Erfurt, kann er sich an das Gericht in Frankfurt am Main wenden.

Wie verhält es sich mit Gerichtsstandsvereinbarungen? Oftmals enthalten Bauverträge eine Bestimmung, welches Gericht im Fall einer Streitigkeit zuständig sein soll.

**Beispiel**

Im Beispielfall auf Seite 154 enthält der Bauvertrag eine Klausel, nach welcher das Landgericht Erfurt als zuständiges Gericht festgelegt wurde. Zu Recht? Nein, die Bestimmung ist unwirksam. Eine solche Vereinbarung ist nur dann möglich, wenn entweder beide Vertragsparteien Unternehmer sind, also keine Verbraucher beteiligt sind, oder wenn die Vereinbarung geschlossen wird, nachdem der Streit bereits entstanden war.

**05**

Im klägerischen Schriftsatz muss dargelegt werden, aus welchem Grund der geltend gemachte Anspruch besteht. Sichern Sie sich bereits im Vorfeld der Bauarbeiten ab. In einem Zivilprozess besteht der Beibringungsgrundsatz, das Gericht erforscht also nicht den Sachverhalt von Amts wegen. Nur dasjenige, was die Parteien an Unterlagen beibringen können, kann vom Gericht berücksichtigt werden. Halten Sie so viel wie es irgend geht in Schriftform fest, vor allem Punkte, auf die es Ihnen ankommt.

**Beispiel**

Bauherr B. möchte ein Haus mit Wärmepumpe und Belüftungsanlage errichten. Ihm kommt es gerade darauf an, das Fenster nicht allzu oft öffnen zu müssen, da in der Familie Allergien bestehen. Diesen Umstand vereinbart er mündlich mit dem Architekten. B. ist gut daran beraten, diese Beschaffenheitsvereinbarung schriftlich festzuhalten. In einem Prozess muss er darlegen und beweisen, dass es die Vereinbarung gab. Hierzu sollte er Unterlagen vorlegen können. Das Gericht wird nicht von sich aus den Sachverhalt erforschen.

Die Klageschrift wird dem Gegner zugestellt, dieser erhält Gelegenheit zur Stellungnahme. Hiernach wird sich die Beweisaufnahme anschließen. Das Gericht wird hierfür in vielen Fällen einen Sachverständigen mit der Klärung technischer Fragen beauftragen. Ob Leistungen des Handwerkers entsprechend den anerkannten Regeln der Technik ausgeführt wurden oder nicht, wird das Gericht nur in wenigen Fällen aufgrund eigener Sachkunde beurteilen können.

Nach der Beweisaufnahme ist der Prozess dann möglicherweise entscheidungsreif, vielleicht schließt sich jedoch ein weiteres Sachverständigengutachten an.

Bedenken Sie, dass bereits durchschnittliche Bauprozesse zwei Jahre dauern können. Erhöht sich die Schwierigkeit, beispielsweise durch mehrere Beteiligte, kann sich dieser Zeitraum ohne Weiteres verlängern. Der Grund für die lange Bearbeitungszeit liegt vor allem darin, dass die Erstellung der aufwendigen Sachverständigengutachten erhebliche Zeit beansprucht. Überlegen Sie sich vor einem Prozess, ob Sie die möglicherweise zu erwartende lange Verfahrensdauer finanziell stemmen können. Manchmal ist es angebracht, auf einen Teil der Ansprüche zu verzichten, um außergerichtlich eine schnelle Lösung herbeizuführen.

Was können Bauherren machen, um die Kosten im Prozess so gering wie möglich zu halten? In erster Linie empfiehlt sich der Abschluss einer Rechtsschutzversicherung. Beachten Sie dabei jedoch, dass in vielen Fällen ein Leistungsausschluss greift, wenn es sich um die Neuerrichtung eines Bauwerks handelt, welches genehmigungspflichtig (Baugenehmigung) ist. Informieren Sie sich unbedingt im Vorfeld bei Ihrer Rechtsschutzversicherung. Es gibt spezielle auf Bauvorhaben abgestimmte Versicherungen, welche zwar im Vergleich zu anderen Versicherungen teurer sind, sich im Falle einer Auseinandersetzung jedoch als sehr hilfreich erweisen können. Möglicherweise hat der Handwerker, mit dem Sie sich streiten, eine Haftpflichtversicherung, die es auf einen langen Prozess ankommen lässt.

Besteht keine Haftpflichtversicherung, gibt es die Möglichkeit der Prozessfinanzierung. Sie werden in diesem Fall bezüglich den Prozesskosten unterstützt, müssen aber im Fall des Obsiegens einen bestimmten (nicht gerade geringen) Prozentteil an den Prozessfinanzierer abgeben.

Außerdem besteht die Möglichkeit, Prozesskostenhilfe zu erhalten. Sind Sie bedürftig im Sinne der Prozesskostenhilfe,
beispielsweise bei einem geringen Einkommen, kann Prozesskostenhilfe beantragt werden. Das Gericht prüft dabei die
Bedürftigkeit der antragstellenden Person, aber auch, ob die
Rechtsverfolgung grundsätzlich Aussicht auf Erfolg hat. Nur
dann wird Prozesskostenhilfe bewilligt. Die Prozesskostenhilfe
bewirkt, dass Ihr eigener Rechtsanwalt sowie die Gerichtskos-
ten bezahlt werden, und zwar unabhängig vom Ausgang des
Prozesses. Verlieren Sie den Prozess, müssen Sie allerdings
die Rechtsanwaltskosten der Gegenseite tragen.

**05**

Wie bereits erläutert, bewirkt die Klageerhebung, dass die
Verjährung unterbrochen wird (siehe Seite 107). Gerade bei
BGB-Werkverträgen kann damit durchaus eine Situation ein-
treten, dass fristwahrend Klage erhoben werden muss.

**Beispiel**

Kurz vor Ende der Gewährleistungsphase (siehe Seite 105) zeigt sich ein
Baumangel. Es haben sich Risse im Putz des Hauses gebildet. Der Handwerker streitet ab, dass es sich um einen Mangel handelt. Der Bauherr
kann den Schaden noch nicht beziffern. Es ist auch noch nicht absehbar,
an welchen Gebäudeteilen der Mangel besteht. In einem solchen Fall ist
es möglich, lediglich auf Feststellung zu klagen, dass Mängelansprüche
des Bauherrn gegen den Werkunternehmer bestehen. Damit bleiben die
Fristen gewahrt.

# BAUVERSICHERUNGSRECHT

**B**ei jedem Bau gibt es eine Menge Risiken. Eine bau-
bezogene Versicherung für die finanzielle Absicherung
ist empfehlenswert. Sie erfahren, welche Versicherungen es
eigentlich gibt und welche sinnvoll für Sie sind.

Bauherren sind gut beraten, sich über wichtige Versicherungen für das Bauvorhaben zu informieren. Hier besteht sehr oft ein erhebliches Defizit. Hilfreich ist der Ratgeber „Haus und Wohnung richtig versichern" der Verbraucherzentralen, zu beziehen über www.ratgeber-verbraucherzentrale.de.

**06**

# DIE BAUHERRENHAFTPFLICHT-VERSICHERUNG

Als Bauherr müssen Sie grundsätzlich damit rechnen, dass Dritten Schäden an Ihrer Baustelle entstehen.

**Beispiel**

Bauherr B. hat eine 14-jährige Tochter. Diese will ihrer Freundin F. die Baustelle zeigen, weil sie sich auf ihr neues Zimmer freut. An der Baustelle stürzt F. in einen ungesicherten Schacht und bricht sich das Bein.

Die meisten Bauherren haben eine private Haftpflichtversicherung. Vielfach glauben sie, diese private Haftpflichtversicherung würde auch bei einem Versicherungsfall greifen, der im Zusammenhang mit der Errichtung einer baulichen Anlage steht. Dies kann sein, muss aber nicht. Es sollte deshalb geprüft werden, ob die bestehende Haftpflichtversicherung das Risiko, das mit dem Bau verbunden ist, abdeckt oder nicht.

**Tipp**

Fragen Sie bei Ihrem Versicherungsvertreter nach und gehen Sie lieber auf Nummer sicher.

# DIE BAULEISTUNGSVERSICHERUNG

Um den Sinn und Zweck dieser Versicherung zu verstehen, müssen Sie sich vor Augen führen, dass der Handwerker aufgrund der Erfolgshaftung im Werkvertragsrecht (siehe Seite 41) bis zur Abnahme das Risiko der Verschlechterung der Sache trägt. Der Handwerker ist für den Erfolg seiner Leistung verantwortlich.

**Beispiel**

Bauherr B. hat die Errichtung eines Einfamilienhauses an Baufirma H. in Auftrag gegeben. Nach dem Richtfest kommt es zu einem Brand durch Blitzschlag. Eine Abnahme hat noch nicht stattgefunden. H. hat noch keine Vergütung erhalten. B. stellt sich auf den Standpunkt, dass die Vergütung erst dann gezahlt wird, wenn das Werk (wieder) hergestellt wird. Ist das zutreffend? Ja, er befindet sich im Recht. Das Werk wurde noch nicht abgenommen. Bis zur Abnahme trägt H. die Vergütungsgefahr und die Leistungsgefahr, das bedeutet, er muss die erbrachte Leistung wiederherstellen, um die vereinbarte Vergütung zu erlangen.

Sinn und Zweck der Bauleistungsversicherung ist es, dem Werkunternehmer dieses Risiko abzunehmen. Hätte er also im Beispielfall eine Bauleistungsversicherung abgeschlossen gehabt, wären die Kosten für die Wiederherstellung des Werks versichert gewesen.

**Tipp**

Sorgen Sie vor und bestehen Sie auf einer Bauleistungsversicherung, zumindest bei größeren Bauvorhaben. Entsprechende Versicherungen für den Handwerker sind nicht teuer, da der Leistungsfall selten eintritt.

Als Bauherr haben Sie auch ein Interesse am Abschluss einer solchen Versicherung durch den Handwerker. Wird nämlich der Werkunternehmer verpflichtet, das Werk ein zweites Mal wiederherzustellen, ohne dass er eine weitere Vergütung erhält, kann er in wirtschaftliche Schwierigkeiten kommen – bis hin zur Zahlungsunfähigkeit. Da er in diesem Fall den vorhandenen Schaden nicht beseitigen kann, drohen auch dem Bauherrn finanzielle Nachteile.

Absicherbar sind auch Sturmschäden oder Wasserschäden. Informieren Sie sich! Bauleistungsversicherungen können auch vom Bauherrn abgeschlossen werden.

# DIE BAUGEWÄHRLEISTUNGS-VERSICHERUNG

Mit der Baugewährleistungsversicherung kann sich der Werkunternehmer für den Fall absichern, dass er umfangreiche Nachbesserungsarbeiten ausführen muss.

**Beispiel**

Estrichleger E. hat den Estrich falsch zusammengemischt, dieser ist zu weich. Die darüber liegende Bodenbelagsschicht weist bereits an vielen Stellen Risse auf. E. muss nachbessern, der Mangel ist nur von ihm zu verantworten. Die Arbeiten sind sehr aufwendig. Zunächst muss der Bodenbelag entfernt werden, sodann der vorhandene Estrich. Danach muss neuer Estrich aufgebracht werden, und schließlich darauf ein neuer Bodenbelag ausgeführt werden. Die Nachbesserungskosten (es handelt sich um zwei Hallen) belaufen sich auf über 100.000 Euro.

Dieses Beispiel macht klar, dass der Handwerker bei der Ausführung von Nachbesserungsarbeiten Gefahr laufen kann, zahlungsunfähig zu werden. Dieses Risiko kann durch die Baugewährleistungsversicherung verringert werden. Die Versicherung greift erst nach der Abnahme, da lediglich die Kosten für die Nacherfüllung (siehe Seite 76) versichert werden können sowie die Kosten für eine tatsächlich erfolgte (berechtigte) Minderung (siehe Seite 87).

# DIE HAFTPFLICHTVERSICHERUNG DES HANDWERKERS

Hat der Werkunternehmer einen Schaden verursacht, tritt möglicherweise dessen betriebliche Haftpflichtversicherung ein. Die Haftpflichtversicherung haftet jedoch nicht für Schäden, welche die Erfüllung des Werks betreffen.

**Beispiel**

Werkunternehmer W. hat einen Hallenboden mangelhaft hergestellt. Den berechtigten Mängelrügen des Bauherrn ist er nicht nachgekommen. Nunmehr beseitigt ein Drittunternehmen die Mängel, Bauherr B. macht W. gegenüber die Kosten geltend. W. meldet die Kosten seiner Haftpflichtversicherung. Wird diese zahlen? Mit großer Wahrscheinlichkeit nicht. Die Haftpflichtversicherung haftet nicht dafür, dass W. seinen Vertrag doppelt nicht erfüllt hat. Er hat mangelhaft gearbeitet und danach die Mängel nicht beseitigt.

Welche Schäden deckt die Haftpflichtversicherung des Werkunternehmers ab? Wurde durch ein Verhalten des Handwerkers eine Person verletzt, besteht grundsätzlich Versicherungsschutz. Das könnte etwa sein, dass dem Handwerker ein Eimer vom Gerüst fällt, dieser trifft einen Passanten am Kopf.

Auch Sachschäden an Dingen, die erst durch eine Handlung des Handwerkers schadhaft werden, sind ersetzbar.

**Beispiel**

Installateur I. hat Rohre der Wasserversorgung mangelhaft abgedichtet, es kommt zum Wasseraustritt, welcher einen erheblichen Sachschaden insbesondere dadurch verursacht, dass das Parkett durchnässt wird und ersetzt werden muss. Diejenigen Schäden, die im Zusammenhang mit dem Parkettboden entstehen, sind vom Versicherungsschutz der Haftpflichtversicherung umfasst.

Wer ist versichert? Grundsätzlich der Handwerker und seine Mitarbeiter. Beschäftigt die Handwerksfirma freie Mitarbeiter, können diese ebenfalls versichert sein. Subunternehmer sind jedoch vom Versicherungsschutz nicht umfasst.

# DIE BERUFSHAFTPFLICHT-VERSICHERUNG FÜR ARCHITEKTEN UND INGENIEURE

Auch Architekten und Ingenieure haben eine Haftpflichtversicherung, die für Personen und Sachschäden haftet, welche durch den Architekten oder den Bauingenieur verursacht wurden. Informationen über den zuständigen Berufshaftpflichtversicherer sind zugänglich zu machen. Das bedeutet: Sie als Bauherr haben das Recht zu erfahren, bei welcher Gesellschaft die Berufshaftpflichtversicherung besteht und welche Versicherungsnummer maßgeblich ist.

**06**

# DER DIREKTANSPRUCH GEGEN DEN HAFTPFLICHTVERSICHERER

Leider steht Ihnen als Bauherr kein Direktanspruch gegen die Haftpflichtversicherung des Architekten oder die Betriebshaftpflichtversicherung des Handwerkers zu. Sie können sich also nicht direkt an diese Versicherungen wenden und in Verhandlungen treten. Anspruchsgegner ist und bleibt Ihr Vertragspartner, also der Architekt oder Handwerker. § 115 VVG (Versicherungsvertragsgesetz) macht hiervon eine wichtige Ausnahme. Nach § 115 Absatz 1 Nr. 2 VVG können Sie nämlich direkt gegen den Versicherer vorgehen, wenn über das Vermögen des Versicherungsnehmers das Insolvenzverfahren eröffnet ist oder der Aufenthalt des Versicherungsnehmers nicht zu ermitteln ist.

**Unterschiedliche Regelungen zur Pflichtversicherung berücksichtigen**

Anders als der Wortlaut der Norm nahelegt, ist es umstritten, ob diese Möglichkeit nur bei Pflichtversicherungen greift. Einige Bundesländer regeln, dass Architekten in jedem Fall eine Pflichtversicherung (Haftpflichtversicherung) abschließen müssen. In anderen Bundesländern dagegen müssen Architekten erst ab einer bestimmten Gesellschaftsform zwingend eine Haftpflichtversicherung unterhalten. Dies kann zu Nachteilen führen.

Normale Handwerker jedenfalls ohne Ausübung irgendwelcher gefährlicher Tätigkeiten sind grundsätzlich weder durch Bundes- noch durch Landesrecht zum Abschluss einer betrieblichen Haftpflichtversicherung verpflichtet. Es ist juristisch umstritten, ob § 115 Absatz 1 Nr. 2 VVG dann greift.

# EIN KURZES WORT ZUM SCHLUSS

Bei Streitigkeiten sollten Sie die gerichtliche Auseinandersetzung so lange wie möglich vermeiden. Prozesse sind teuer und langwierig. Investieren Sie Ihre Energie in die Vorphase: Je besser Ihr Bauvertrag gestaltet ist, umso mehr Druck können Sie auf den Handwerker ausüben und Ihre Rechte möglicherweise schon vorprozessual durchsetzen. Wie aufgezeigt, sind die meisten Probleme in der Rechtsdurchsetzung darauf zurückzuführen, dass Bauverträge unzureichend und oft missverständlich formuliert werden.

Lesen Sie den Ihnen vorgelegten Bauvertrag gründlich durch. Wenn Sie Passagen nicht verstehen, fragen Sie unbedingt nach, auch mehrmals. Überlegen Sie in Ruhe, welche Punkte bei Ihrem konkreten Bauvorhaben für Sie von Bedeutung sind. Fertigen Sie für sich Checklisten an. Möchten Sie zu einem bestimmten Zeitpunkt fertig sein? Möchten Sie keinesfalls Subunternehmer an der Baustelle? Kommt es Ihnen gerade auf die Geräuschdämmung an? Halten Sie solche Vereinbarungen im Bauvertrag fest, dies erleichtert die spätere Wahrung und

Durchsetzung Ihrer Rechte ungemein! Lassen Sie den Bauvertrag unbedingt von einem spezialisierten Juristen Ihres Vertrauens prüfen, und zwar bevor Sie ihn unterschreiben. Dann sind Sie gut gerüstet. Viel Erfolg!

06

# ANHANG

## ADRESSEN DER VERBRAUCHERZENTRALEN

**Verbraucherzentrale Baden-Württemberg e. V.**
Paulinenstraße 47
70178 Stuttgart
Telefon: 0 18 05/50 59 99 (0,14 €/min.,
Mobilfunkpreis maximal 0,42 €/min.)
Fax: 07 11/66 91-50
www.vz-bawue.de

**Verbraucherzentrale Bayern e. V.**
Mozartstraße 9
80336 München
Telefon: 0 89/5 39 87-0
Fax: 0 89/53 75 53
www.verbraucherzentrale-bayern.de

**Verbraucherzentrale Berlin e. V.**
Hardenbergplatz 2
10623 Berlin
Telefon: 0 30/2 14 85-0
Fax: 0 30/2 11 72 01
www.vz-berlin.de

**Verbraucherzentrale Brandenburg e. V.**
Templiner Straße 21
14473 Potsdam
Telefon: 03 31/2 98 71-0
Fax: 03 31/2 98 71-77
www.vzb.de

**Verbraucherzentrale Bremen e. V.**
Altenweg 4
28195 Bremen
Telefon: 04 21/1 60 77-7
Fax: 04 21/1 60 77 80
www.verbraucherzentrale-bremen.de

**06**

**Verbraucherzentrale Hamburg e. V.**
Kirchenallee 22
20099 Hamburg
Telefon: 0 40/2 48 32-0
Fax: 0 40/2 48 32-290
www.vzhh.de

**Verbraucherzentrale Hessen e. V.**
Große Friedberger Straße 13–17
60313 Frankfurt/Main
Telefon: 0 18 05/97 20 10 (0,14 €/min.,
Mobilfunkpreis maximal 0,42 €/min.)
Fax: 0 69/97 20 10-40
www.verbraucher.de

**Verbraucherzentrale Mecklenburg-Vorpommern e. V.**
Strandstraße 98
18055 Rostock
Telefon: 03 81/2 08 70 50
Fax: 03 81/2 08 70 30
www.nvzmv.de

**Verbraucherzentrale Niedersachsen e. V.**
Herrenstraße 14
30159 Hannover
Telefon: 05 11/ 9 11 96-0
Fax: 05 11/9 11 96-10
www.verbraucherzentrale-niedersachsen.de

**Verbraucherzentrale Nordrhein-Westfalen e. V.**
Mintropstraße 27
40215 Düsseldorf
Telefon: 02 11/38 09-0
Fax: 02 11/38 09-216
www.vz-nrw.de

**Verbraucherzentrale Rheinland-Pfalz e. V.**
Seppel-Glückert-Passage 10
55116 Mainz
Telefon: 0 61 31/28 48-0
Fax: 0 61 31/28 48-66
www.verbraucherzentrale-rlp.de

**Verbraucherzentrale des Saarlandes e. V.**
Trierer Straße 22
66111 Saarbrücken
Telefon: 06 81/5 00 89-0
Fax: 06 81/5 00 89-22
www.vz-saar.de

**Verbraucherzentrale Sachsen e. V.**
Katharinenstraße 17
04109 Leipzig
Telefon: 03 41/69 62 90
Fax: 03 41/6 89 28 26
www.verbraucherzentrale-sachsen.de

**Verbraucherzentrale Sachsen-Anhalt e. V.**
Steinbockgasse 1
06108 Halle
Telefon: 03 45/2 98 03-29
Fax: 03 45/2 98 03-26
www.vzsa.de

**Verbraucherzentrale Schleswig-Holstein e. V.**
Andreas-Gayk-Straße 15
24103 Kiel
Telefon: 04 31/5 90 99-0
Fax: 04 31/5 90 99-77
www.verbraucherzentrale-sh.de

**06**

**Verbraucherzentrale Thüringen e. V.**
Eugen-Richter-Straße 45
99085 Erfurt
Telefon: 03 61/5 55 14-0
Fax: 03 61/5 55 14-40
www.vzth.de

**Verbraucherzentrale Bundesverband e. V.**
Markgrafenstraße 66
10969 Berlin
Telefon: 0 30/2 58 00-0
Fax: 0 30/2 58 00-518
www.vzbv.de

# STICHWORTVERZEICHNIS

Die fett hervorgehobenen Seitenzahlen verweisen auf Hauptabschnitte.

# IMPRESSUM

**Herausgeber**
**Verbraucherzentrale Nordrhein-Westfalen e. V.**
**Mintropstraße 27, 40215 Düsseldorf**
**Telefon: 02 11/38 09-5 55**
**Telefax: 02 11/38 09-2 35**
**Internet: www.vz-nrw.de**
**E-Mail: ratgeber@vz-nrw.de**

| | |
|---|---|
| Autor: | Falk Ostmann |
| Fachliche Beratung: | Rechtsanwalt Claus Mundorf |
| Herausgeber: | Dr. Frank Bräutigam |
| Koordination: | Kathrin Nick |
| Lektorat: | MENDLEWITSCH// |
| | TEXT/BUCH/KONZEPT, Düsseldorf |
| Produktion: | bretzinger : media.production, Baden-Baden |
| Satz: | typografie & layout, Evelyn Haller, Gaggenau |
| Gestaltungskonzept: | Ute Lübbeke, Köln, www.LNT-design.de |
| Umschlaggestaltung: | Ute Lübbeke, Köln, www.LNT-design.de |
| Umschlagfoto: | plainpicture/beyond |
| Druck/Bindung: | Kraft Druck GmbH, Ettlingen |
| | Gedruckt auf 100 Prozent Recyclingpapier |

Redaktionsschluss: 31. August 2013

# RICHTIG BAUEN: AUSFÜHRUNG

Der Traum von den eigenen vier Wänden kann für Bauherren schnell zum Albtraum werden: Behörden stellen sich quer, der Bauablauf verzögert sich, Kosten explodieren. Um Probleme zu vermeiden, begleitet der Ratgeber Bauherren von der Einrichtung der Baustelle bis zur Fertigstellung – mit Checklisten für alle Gewerke und zahlreichen Arbeitsvorlagen.

**4. Auflage 2012**
**264 Seiten**
**19,90 €**
**ISBN 978-3-86336-015-3**

Erhältlich bei den Verbraucherzentralen und im Buchhandel

**www.vz-ratgeber.de**